Mise en pratique

EXERCICES
DE grammaire
EN CONTEXTE

Niveau avancé

Anne Akyüz
Bernadette Bazelle-Shahmaei
Joëlle Bonenfant
Marie-Françoise Flament
Jean Lacroix
Patrice Renaudineau

EUROCENTRES

HACHETTE
Français langue étrangère

www.hachettefle.fr

Avant-propos

Ce troisième ouvrage des « exercices de grammaire en contexte » s'adresse à des étudiants adolescents ou adultes, d'un niveau **avancé**, pour un travail en classe ou en autonomie. Ce livre fait suite au niveau intermédiaire et se propose de mener l'apprenant d'un niveau A2 (« survie ») à un niveau B1 (« seuil »), selon le cadre européen de référence pour l'enseignement et l'apprentissage des langues.

Ce livre d'**entraînement** et de **pratique** comporte **15 chapitres** qui mettent en relation la progression grammaticale et les situations de communication de base. Un sommaire détaillé et des **consignes simples** rendent l'utilisation de l'ouvrage aisée.

Dans chaque chapitre, des **tableaux synthétiques** « aide-mémoire » rappellent le point de grammaire pratiqué. Les exercices d'application sont **en contexte** et présentent parfois un **objectif fonctionnel** pour permettre une réutilisation immédiate en situation de communication, par exemple sous forme de **jeux de rôles**.

L'unité lexicale de la majorité des exercices facilite la mémorisation du vocabulaire utile à ce niveau.

Un bilan test, à la fin de chaque chapitre, reprend les principaux éléments abordés.

Trois évaluations à la fin du livret – avec leurs corrigés – reprennent plusieurs points grammaticaux et permettent de mesurer le degré d'acquisition.

L'ouvrage comporte **deux index** : un index grammatical et un index des objectifs fonctionnels.

Les **corrigés** des exercices se trouvent dans un livret séparé.

Les « exercices de grammaire en contexte » font donc pratiquer à la fois les structures grammaticales, le vocabulaire et les fonctions de communication indispensables à ce niveau.

Les auteurs

Couverture et maquette intérieure :   Christophe et Guylaine Moi

Réalisation :   MÉDIAMAX

Secrétariat d'édition :   Catherine Gau

Illustrations :   Philippe Chapelle

Pour découvrir nos nouveautés, consulter notre catalogue en ligne, contacter nos diffuseurs, ou nous écrire, rendez-vous sur Internet :

www.hachettefle.fr

ISBN 978-2-01-155170-2

© HACHETTE LIVRE 2001, 43 quai de Grenelle, F 75 905 Paris Cedex 15.
Tous les droits de traduction, de reproduction et d'adaptation réservés pour tous pays.

Sommaire

L'ARTICLE

➤ Décrire ➤ Raconter ➤ Indiquer un programme

 A L'ARTICLE DÉFINI, INDÉFINI ET PARTITIF

FORMES	EXEMPLES
Articles définis : **le, la, l', les** • une personne ou une chose, connue ou unique • une personne ou une chose, considérée dans sa généralité	— Bonjour, est-ce que vous avez **le** roman de Cocteau : « **Les** *Enfants terribles* » ? — Non, nous sommes spécialisés dans **la** science-fiction.
Articles indéfinis : **un, une, des (de)** • une personne ou une chose non précisée	Je cherche **un** guide avec **des** cartes détaillées et **de** belles illustrations.
Articles partitifs : **du, de la, de l', des** • quelque chose que l'on ne peut pas compter	Je voudrais aussi **du** papier à lettres et **de la** colle, s'il vous plaît.

Attention !
• Les articles définis *le* et *les* ont une forme contractée avec les prépositions *à* et *de* : *au, aux, du, des.*
• Avec les verbes pronominaux, pour désigner les parties du corps, on utilise l'article défini ou indéfini : *Elle s'est cogné **la** tête, elle s'est brûlé **le** doigt (**un** doigt).*

1 **Soulignez la forme correcte.**

Indiquer un programme

Votre programme pour une semaine à Paris vous laisse une grande liberté. Nous organisons cependant quelques activités pour votre plaisir :

1. Vous dînerez dans **le/un** célèbre restaurant « Lapérouse ».
2. En soirée, vous aurez le choix entre **la/une** promenade ou **le/un** concert en plein air.
3. Vous apprécierez de vous promener dans **un/le** jardin du Palais Royal.
4. Nous vous proposerons la visite **d'un/du** musée.
5. Vous vous amuserez **à des/aux** Folies Bergères.
6. Vous assisterez **au/à un** défilé de mode dans **la/une** boutique de haute couture.

2 Complétez avec un article défini ou indéfini.

– Tu veux bien aller acheter **des** (1) gâteaux ?

– Oui, mais où ?

– Tu trouveras bien .... (2) boulangerie ouverte.

– À .... (3) heure pareille, ça m'étonnerait mais je crois qu'il y a .... (4) supermarché ouvert jusqu'à 22 heures.

– En rentrant, passe à .... (5) charcuterie acheter .... (6) tranches de jambon et n'oublie pas .... (7) petits fours salés que j'ai commandés.

– .... (8) petits fours ! Je me régale d'avance !

– Tu as trouvé .... (9) livre sur .... (10) Tunisie que tu cherchais ?

– Oui, j'ai acheté .... (11) guide très pratique dans .... (12) librairie près d'ici.

– .... (13) Librairie du Monde, je la connais, elle est super et .... (14) patron est .... (15) homme très cultivé. Il me donne toujours toutes .... (16) informations que je veux.

3 Soulignez la forme correcte.

Raconter

– Tu sais, ma sœur, elle n'a vraiment pas de chance !

– Ah bon ! Qu'est-ce qui lui est arrivé ?

– Eh bien, **<u>la</u>/une** (1) semaine dernière, elle était chez **des/les** (2) amis, elle est tombée dans **l'/un** (3) escalier **de la/d'une** (4) cave. Elle s'est cassé **un/le** (5) nez, elle s'est fait mal à **la/une** (6) tête. En plus, elle a **une/la** (7) fracture **du/d'un** (8) poignet gauche, et elle s'est aussi cassé **un/le** (9) doigt **de la/d'une** (10) main droite.

– Non, pas possible !

4 Soulignez la forme correcte.

Raconter

Je vais vous raconter **une/l'** (1) histoire, et c'est **une/l'** (2) histoire vraie ! C'est **l'/une** (3) histoire **du/d'un** (4) professeur qui a **des/les** (5) élèves qui vont passer **le/un** (6) baccalauréat. **L'/Un** (7) examen approche, mais **un/le** (8) soleil brille et **la/une** (9) chaleur n'aide pas **des/les** (10) élèves à se concentrer. Ils ont **le/un** (11) devoir de philosophie à écrire, avec comme sujet : « Qu'est-ce que **le/qu'un** (12) courage ? » Tous ensemble, ils décident de répondre **de la/d'une** (13) même manière : « **Un/Le** (14) courage, c'est ça ! » et ils rendent tous leur copie avec cette unique phrase. Le professeur doit mettre **une/la** (15) note, et il choisit **la/une** (16) note maximale, 20/20, pour **la/une** (17) classe complète. Que pensez-vous **du/d'un** (18) choix comme celui-là ?

L'article

5 Complétez avec un article défini, indéfini ou partitif.

– Écoute *le* (1) vent qui chante dans les feuillages !

– Oui, il y a .... (2) vent ce matin !

– C'est .... (3) vent chaud du sud.

– Ne t'assieds pas là, ... (4) herbe est toute mouillée !

– C'est .... (5) herbe bien verte.

– C'est bien vert ici, il y a .... (6) herbe partout !

– Il a tellement plu que .... (7) terre est boueuse !

– Regarde, il y a .... (8) terre sur tes chaussures !

– C'est .... (9) terre très fertile.

6 Complétez avec un article défini ou partitif.

– Tu prends *du* (1) sucre dans ton thé ?

– Non, je préfère .... (2) thé sans sucre. Quelquefois, je mets .... (3) crème, pas toujours. Qu'est-ce qu'on fait alors, on va au cinéma comme prévu ?

– Oui. Ils passent .... (4) dernier *James Bond* ou *My fair Lady*. Qu'est-ce qui te tente ?

– Oh, je préfère .... (5) suspense, ... (6) action, aujourd'hui. Et toi ?

– Moi aussi, ça va nous donner .... (7) énergie ! On y va à pied ?

– Je préférerais .... (8) bus, j'ai un peu mal aux pieds.

– D'accord. Fais-moi penser qu'au retour, il faudra que j'achète .... (9) pain pour ce soir. Allez, on y va !

7 Complétez avec un article défini, indéfini ou partitif.

ZOÉ. – Tu veux un apéritif pendant que tu fais la cuisine ?

OCTAVE. – Ah oui ! Ce n'est pas de refus, j'adore prendre *l'* (1) apéritif. Bon alors, je vais te faire .... (2) salade de tomates pour commencer.

ZOÉ. – Tu mets .... (3) sauce sur tes tomates ?

OCTAVE. – Non, juste .... (4) huile d'olive.

ZOÉ. – Je déteste .... (5) huile d'olive, c'est trop fort !

OCTAVE. – Oui, mais moi, j'ai .... (6) petite huile d'olive de Sicile délicieuse, tu devrais goûter !

ZOÉ. – Qu'est-ce qu'on boit ? .... (7) vin, ... (8) eau ou .... (9) bière ?

OCTAVE. – .... (10) bière, j'ai horreur de ça ! Je préfère .... (11) vin, et on prend .... (12) eau aussi.

8 Soulignez la forme correcte.

L'/De l' (1) autorité est **une/la** (2) qualité essentielle dans **l'/une** (3) éducation des enfants. Mon père avait **une/de l'** (4) autorité, **de l'/une** (5) autorité naturelle. Ma grand-mère était trop gentille : elle montrait **de la/une** (6) tolérance, **de la/une** (7) tolérance excessive, disait mon père, avec ses petits-enfants. J'adorais cette femme, qui symbolisera toujours **de la/la** (8) compréhension et **la/de la** (9) générosité. Avoir **le/du** (10) cœur, n'est-ce pas le plus important ?

B L'ABSENCE DE L'ARTICLE

Les articles **indéfinis** et **partitifs** sont remplacés par **de** ou **d'** : • avec une négation ; • avec une expression de quantité ; • avec un adjectif ou un verbe suivi de la préposition **de**.	Il n'a **pas de** carnet de chèques. J'ai vraiment **trop de** monnaie, regarde ce **tas de** pièces dans mes poches ! Il est **passionné de** bourse. Il **parle** sans cesse **d'**argent.
Il n'y a pas d'article : • avec un complément de nom utilisé comme adjectif.	Je n'utilise pas les billets **de banque** ni les pièces **de monnaie** ; je préfère les cartes **de crédit**.

Attention !
• L'article défini (sous sa forme contractée ou non) est maintenu : *On n'a pas parlé **des** sujets habituels.*
• Dans une phrase négative, l'article indéfini **un, une, des** ou partitif **du, de la, de l', des** est maintenu si on oppose un nom à un autre nom : *Je **ne** veux **pas du** vin, je veux **du** cidre.*
• Avec **ne ... que**, l'article est maintenu : *Il ne boit que **de l'**eau.*

9 Complétez avec *de, d', des, une* ou *de la*.

Décrire un lieu

Mon ami esquimau habite une drôle de maison ! Il n'y a pas *de* (1) porte, pas .... (2) fenêtres, pas .... (3) cave, pas .... (4) grenier, pas .... (5) ascenseur bien sûr ! Il n'y a que .... (6) blocs de glace et .... (7) petite ouverture pour entrer. Il n'y a pas .... (8) garage non plus, puisque mon ami n'a pas .... (9) voiture ! Et tout autour, il n'y a que .... (10) neige !

10 S o u l i g n e z   l a   f o r m e   c o r r e c t e .

Décrire

– En vacances, je veux être loin de tout, et je ne veux surtout pas **des/<u>de</u>** (1) contacts
avec la « civilisation ».

– Ah bon !

– Je ne veux pas **de/du** (2) téléphone, et encore moins **une/de** (3) télévision !

– Pas **une/de** (4) radio non plus pour écouter un peu **de la/de** (5) musique ?

– Non, je te dis, je ne veux que **de/du** (6) silence et **de/de la** (7) solitude.

– Et Internet ?

– Ah non ! Surtout pas **d'/un** (8) ordinateur, je ne veux pas recevoir **des/d'** (9) e-mails sans arrêt !

– Mais ce n'est pas **une/de** (10) vie !

– Pour moi, les vacances, c'est la tranquillité, et je ne veux pas avoir **des/de** (11) préoccupations
ni **des/de** (12) contraintes !

11 S o u l i g n e z   l a   f o r m e   c o r r e c t e .

Chaque été, je m'occupe **<u>des</u>/d'** (1) enfants de ma sœur pendant quinze jours. Je les emmène
découvrir une région de France. Ils ont 13 et 11 ans et m'amusent beaucoup. On se raconte plein
de choses, on parle **des/de** (2) nouveaux jeux de l'école, on parle **de/de la** (3) vie en général et
on fait **des/de** (4) visites. Ils font d'ailleurs preuve **de/de la** (5) patience parce que je leur fais visiter
tous les vieux châteaux de la région ! Ils me connaissent bien, ils savent que j'ai besoin **de/des** (6)
découvertes, **des/de** (7) sensations ! Je n'ai pas **d'/des** (8) enfants, et ne me suis jamais occupée
des/d' (9) enfants, excepté ceux de ma sœur. Je m'entends très bien avec eux et, tous les trois,
chaque année, nous attendons avec impatience de nous retrouver : après l'année scolaire, nous
avons toujours envie **de/de la** (10) liberté !

12 C o m p l é t e z .

– Tu sais, hier, j'ai passé la soirée avec Hervé et nous avons parlé *de* (1) vacances, ... (2)
évasion et .... (3) temps qui passe.

– Et à quelle occasion ?

– Il revient du Sahara et il m'a parlé .... (4) paysages sublimes qu'ils a vus, ... (5)
Hommes Bleus du désert, ... (6) ciel vert et or, ... (7) couchers .... (8) soleil
sur les dunes et .... (9) vents .... (10) sable parfois terribles.

– Tu me donnes le frisson ! J'imagine qu'il a vécu .... (11) sensations très fortes et qu'il est
revenu la tête pleine .... (12) souvenirs inoubliables.

– Oui, je crois même qu'il est encore habité par la magie de cet endroit.

BILAN

1 Complétez.

Nicolas adore la musique depuis son plus jeune âge. Il joue .... (1) piano et .... (2)
guitare. Il a envie d'essayer .... (3) violon. Mais par manque .... (4) temps, il devra
attendre. En revanche, il n'aime pas .... (5) sport. Il doit cependant faire .... (6)
gymnastique à .... (7) école, ... (8) natation quand la classe va à .... (9)
piscine et un minimum .... (10) marche.

2 Soulignez la forme correcte.

LA MAMAN. – Rébecca, j'ai peur que tu aies mis trop **de/du** (1) sucre !

RÉBECCA. – Tu veux goûter ?

LA MAMAN. – Oui. Ah ! c'est trop sucré ! Attends, on va rajouter **du/un peu du** (2) lait. Voilà.

RÉBECCA. – J'ai parfumé avec **une gousse de/de** (3) vanille. Et je vais mettre aussi **de la/de** (4)
vodka, une goutte **de/de la** (5) vodka.

LA MAMAN. – Ah non ! Jamais **de/la** (6) vodka dans un gâteau, il faut mettre **du/de** (7) kirsch.
Et de toute façon, ne mets pas trop **de l'/d'** (8) alcool, sinon on sera ivre ! Dis-moi, tu as mis
la boîte **d'/des** (9) œufs ?

RÉBECCA. – Oui, j'ai suivi la recette.

LA MAMAN. – Bon, une demi-heure **de/de la** (10) cuisson, et je suis sûre que ce sera délicieux !

3 Complétez.

Helsinki est .... (1) capitale de .... (2) Finlande. Malgré cela, ce n'est pas .... (3)
très grande ville. Elle est dans .... (4) sud .... (5) pays, ... (6) bord .... (7)
mer, donc on peut profiter .... (8) chaleur .... (9) belles journées en été, mais aussi
connaître .... (10) tempêtes de .... (11) automne finlandais. En règle générale,
Helsinki ne manque pas .... (12) activités : .... (13) vie culturelle y est intense !
Dans ma ville, vous aurez .... (14) grand choix .... (15) musées et .... (16)
galeries. Vous trouverez aussi .... (17) marchés, ... (18) boutiques et .... (19)
restaurants. De plus, vous pourrez faire .... (20) canoë, ... (21) pêche, aller
.... (22) sauna, faire .... (23) baignades dans .... (24) mer glacée ou
.... (25) ski .... (26) fond. C'est .... (27) endroit pour tous .... (28)
goûts. À bientôt !

LES ADJECTIFS ET LES PRONOMS INDÉFINIS

➤ Donner des directives ➤ Informer sur les personnes
➤ Décrire des habitudes au passé ➤ Formuler une promesse

A LES ADJECTIFS INDÉFINIS

UTILISATION	EXEMPLES
une quantité nulle : **aucun, aucune**	Je **n'**ai **aucun** intérêt pour le football.
la totalité : **chaque, tout** le, **toute** une, **tous** mes, **toutes** ces	Toi, tu connais **tous** les joueurs de **toutes** les équipes ? Tu connais **chaque** joueur ?
une quantité imprécise : **quelques, plusieurs, certain(e)s**	Il a **plusieurs** amis ici. **Certains** amis sont d'ailleurs très proches de lui. Et puis, il a aussi **quelques** copains en province.
la similitude : le, la, les **même(s)**	J'ai la **même** adresse, je suis au **même** étage.
une différence : un(e) **autre**..., d'**autres**...	Il y a une **autre** entrée.
un choix indifférent : **n'importe quel/quelle/quels/quelles**	Viens **n'importe quel** jour, à **n'importe quelle** heure.

Attention ! *Aucun, aucune* et *chaque* s'utilisent seulement avec un nom singulier.

1 Associez.

a. ces papiers
b. ton travail
c. mes affaires
d. vos dossiers
e. une réunion
f. votre compte rendu
g. cette liste
h. mes copies
i. ces adresses
j. nos numéros
k. l'agence
l. le classeur

1. Tout
2. Toute
3. Tous
4. Toutes

1.	2.	3.	4.
b – ...			

Les adjectifs et les pronoms indéfinis

2 Soulignez la forme correcte.

Donner
des directives

Soyez poète !

Vous ouvrez un dictionnaire à **<u>n'importe quelle</u>/n'importe quel** (1) page.

Vous choisissez une colonne, **n'importe quels/n'importe quelle** (2) colonne. Vous pointez

n'importe quel/n'importe quelle (3) mot et vous le mémorisez. On vous propose

n'importe quel/n'importe quels (4) nombre, vous répétez l'opération autant de fois

que vous le souhaitez. Ensuite, vous associez les mots pour obtenir des vers, mais pas

n'importe quel/n'importe quels (5) vers, ou des phrases, mais pas

n'importe quelles/n'importe quelle (6) phrases ! Et vous créez un petit texte, sans doute

surréaliste, mais qui n'aura pas **n'importe quels/n'importe quel** (7) auteur !

3 Mettez dans l'ordre.

Le professeur en colère

1. retard / matin / arrivent / chaque / certains / en / élèves

    Certains élèves arrivent en retard chaque matin.

2. oublient / livres / chaque / leurs / jour / ils

    ....

3. jours / répète / tous / les / remarques / les / je / mêmes

    ....

4. donne / exercices / je / à / plusieurs / élèves / supplémentaires / certains

    ....

5. classes / ne / rencontre / problème / je / dans / aucun / autres / les

    ....

6. chaque / suis / explications / je / jour / fatigué / mes / de / reprendre / toutes

    ....

4 Soulignez la forme correcte.

Informer sur
les personnes

Un voisin bizarre

Je connais mon voisin depuis **<u>quelques</u>/certaines** (1) années et nous avions des relations

presque amicales même si, **certains/chaque** (2) jours, il avait l'air fâché. Mais ces derniers temps,

il a un comportement étrange : dans l'ascenseur, il répète **plusieurs/une certaine** (3) fois

la même/chaque (4) phrase incompréhensible, avant de répondre aux salutations ! Et puis

il a **toutes les/certaines** (5) attitudes curieuses, par exemple il se met à chanter ou à danser dans le hall de l'immeuble ! Et ne parlons pas de sa manière de s'habiller ! **Plusieurs/Certains** (6) jours, il porte un drôle de manteau multicolore ! **Chaque/Plusieurs** (7) habitants prétendent qu'il travaille dans un cirque ! Les gens se méfient de lui, mais **chaque/tous les** (8) enfants de l'immeuble l'aiment bien. Moi, je ne sais pas quoi penser… mais je dois reconnaître qu'il est serviable, il m'a rendu **quelques/tous les** (9) services comme à **d'autres/aucun** (10) locataires d'ailleurs.

---

5 Complétez avec *un autre, une autre, d'autres, le même, la même* ou *les mêmes.*

Des goûts et des couleurs

1. Regarde le tapis orange qu'ils ont choisi ! Moi, j'aurais pris *une autre* couleur !
2. Tu as commandé ces meubles modernes ! .... style aurait été mieux !
3. Oh ! ça alors ! J'ai presque .... table chez moi !
4. Ah non ! Je t'en prie, pas cette tapisserie à grosses fleurs ! Prends .... motifs !
5. Tiens, c'est amusant, mes parents ont exactement .... meubles de jardin que toi, mais dans leur salon.
6. – Qu'est ce que tu penses du violet pour repeindre la cuisine ?
   – C'est trop vif, mets .... couleur, ça ira mieux.
7. Nous n'avons vraiment pas .... goûts tous les deux !

---

6 Mettez dans l'ordre.

En réunion

1. viens / je / certains / documents / de / recevoir / autres
   Je viens de recevoir certains autres documents.
2. je / réfléchi / vos / questions / ai / autres / à / toutes
   ....
3. ne / été / proposition / a / aucune / faite / autre
   ....
4. vos / remarques / seront / utiles / toutes / autres
   ....
5. autres / dossiers / tous / seront / demain / examinés / les
   ....
6. aucun / nous / sujet / avons / ne / abordé / autre
   ....

Les adjectifs et les pronoms indéfinis

B LES PRONOMS INDÉFINIS

UTILISATION	EXEMPLES
une quantité nulle : **aucun, aucune**	J'attendais tous mes amis, **aucun** n'est venu !
la totalité : **tout, toute, tous, toutes chacun, chacune**	**Tout** va bien, elles m'ont **toutes** appelé. J'ai parlé à **chacune** d'entre elles.
une quantité imprécise : **quelques-uns, quelques-unes, plusieurs, certains, certaines**	**Quelques-uns** ont annulé. **Certains** repartent ce soir, **d'autres** demain.
la similitude : **le, la, les même(s)**	— Je pars par le train de 20 heures, et toi ? — Je prends **le même**.
une différence : **un(e) autre, d'autres**	Cette date ne me convient pas, est-ce qu'on peut en choisir **une autre** ?
la majorité : **la plupart**	**La plupart** sont arrivés à 9 heures.
Rien ≠ **quelque chose**	— Tu as appris **quelque chose** ? — Non, **rien**.
Personne ≠ **quelqu'un**	— **Personne** n'est là ? — Si, **quelqu'un** vous attend.
N'importe qui, n'importe quoi, n'importe lequel, laquelle, lesquel(le)s	Il parle à **n'importe qui**, et toujours pour dire **n'importe quoi** !

Attention !
• *Aucun, aucune, chacun, chacune* s'utilisent seulement avec un verbe au singulier.
• *Rien, quelque chose, personne* et *quelqu'un* utilisés **avec un adjectif** sont suivis de *de* : *Il n'y a* *personne d'*aimable, il n'y a *rien de* nouveau.
• *La plupart* est généralement suivi d'un verbe au pluriel.

7 **Complétez avec *n'importe lequel, n'importe laquelle, n'importe lesquels* ou *n'importe lesquelles*.**

> Demander des précisions sur une chose

– Chéri, qu'est-ce que je te prends comme vêtements pour le week-end ?

– Ce que tu veux.

– Non, dis-moi, comme chemise ? La bleue ou la verte ?

– *N'importe laquelle* (1) !

– Comme pantalon ?

– .... (2) !

– Comme chaussures ? Les noires ?

– .... (3) !

– Comme chaussettes ?

– .... (4) !

– Comme slips ?

– .... (5) !

– Comme robe ? Celle à fleurs ?

– .... (6), je te dis. Oh ! Mais tu te moques de moi ?

8 **Associez.**

1. Il commence une collection de timbres.	a. Ils n'en ont encore regardé aucune.
2. Elle a acheté des livres sur les stars.	b. Il n'en a encore aucun.
3. Ils possèdent plein de CD d'Elvis Presley.	c. Elle n'en connaissait aucune.
4. Ils ont des vidéos de leurs voyages.	d. Ils n'en prêtent aucun.
5. Elle déteste les poèmes.	e. Il n'en garde aucune.
6. Il jette toutes ses photos.	f. Elle n'en lit aucun.

1.	2.	3.	4.	5.	6.
b					

9 **Complétez avec *aucun, aucune, chacun* ou *chacune*.**

Bienvenue parmi nous, mesdemoiselles !

J'espère que *chacune* (1) d'entre vous a passé de
bonnes vacances. Je voudrais que .... (2)
prenne connaissance du nouveau règlement très vite,
s'il vous plaît, il comporte de nombreux points
et .... (3) d'entre eux est important.
Sachez d'abord qu'au dortoir nous ne tolérerons
absolument .... (4) bavardage !
Vous avez vraiment exagéré l'année dernière !
En classe, soyez ponctuelles : .... (5)
d'entre vous ne sera admise en cours en retard.
Vos professeurs respectent la sonnerie,

vous devez la respecter aussi, et ils feront d'ailleurs .... (6) un rapport sur ce point.

Nous aurons l'occasion d'examiner ensemble différentes questions, je tiens à recevoir bientôt
.... (7) d'entre vous.

En attendant, je vous souhaite une bonne rentrée à toutes. Que .... (8) se dirige
maintenant vers la salle d'étude. Bon courage.

Les adjectifs et les pronoms indéfinis

10 Soulignez la forme correcte.

Au début de ma carrière d'historien, j'avais plein de projets dans la tête ! **La plupart/Chacun** (1) reposaient sur des thèmes historiques et **certains/la plupart** (2) portaient sur l'origine de l'Homme. **Chacun/Tous** (3) d'entre nous a toujours voulu **tout/rien** (4) savoir mais **chacun/aucun** (5) n'a encore trouvé la réponse. J'ai étudié toutes les théories mais **certaines/aucune** (6) ne m'a réellement satisfait. J'ai eu de nombreux collègues, **la plupart/chacun** (7), au début, partageaient mon enthousiasme mais **plusieurs/aucun** (8) ont abandonné. **Quelques-uns/Aucun** (9) ont fait une carrière brillante d'historien et **chacun/d'autres** (10) ont complètement changé de métier ! Moi, je cherche toujours !

11 Complétez avec *quelqu'un*, *quelques-uns* ou *quelques-unes*.

Décrire des habitudes au passé

– Tu te rappelles, Loïc, les bêtises que nous faisions à la maison ?

– Oui, *quelques-unes* (1), c'est surtout toi qui les faisais ! Tu me faisais croire qu'il y avait

.... (2) dans la chambre, et sous mon lit !

– Et tu hurlais ! Moi, j'aimais bien quand tes copains téléphonaient et que je répondais en t'imitant ! .... (3) ne me reconnaissaient pas, c'était drôle !

– Et moi, quand je sonnais chez les gens et que je me sauvais ! .... (4) se fâchaient et me couraient après.

– On a vraiment fait des blagues incroyables ! Mais .... (5) auraient pu mal se terminer, une fois j'ai failli être renvoyé du collège : heureusement que

.... (6) a pu intervenir ! Le prof de français, je crois.

– Ça fait plaisir de se raconter les souvenirs de jeunesse, non ?

– Oui, même si .... (7) ne sont pas vraiment glorieux !

12 Mettez dans l'ordre.

Formuler une promesse

Mes bonnes résolutions

1. de / rien / oublier / je / de / ne / essaierai / important
   J'essaierai de ne rien oublier d'important.

2. à / toujours / aurai / de / faire / je / intéressant / quelque chose

   ....

3. ne / rien / de / inutile / je / achèterai

   ....

4. si / de / je / calme / violent / je / quelqu'un / garderai / mon / rencontre

   ....

5. dirai / je / à / rien / de / personne / ne / méchant

   ....

13 Complétez.

~~n'importe qui~~   n'importe lequel   n'importe quoi   n'importe lequel
n'importe laquelle   n'importe lesquelles   n'importe qui

– Félicitations pour cette belle soirée ! Vous étiez juste à côté de notre président…

– Mais, cher ami, je ne dîne pas en compagnie de **n'importe qui** (1) !

– Bravo ! Et puis… c'était la meilleure table de la capitale !

– Bien sûr, notre association ne reçoit pas dans .... (2) des restaurants !

– Et toutes ces personnalités réunies, c'était une soirée merveilleuse !

– Effectivement, ce n'était pas .... (3) des soirées.

– Dites-moi, vous êtes très proche du président…

– En effet. Il sait qu'il peut compter sur moi et me demander .... (4).

– Vraiment ? Est-ce que vous pourriez me présenter ?

– Mais volontiers. Nous préparerons cela ensemble, il ne faudra pas l'aborder en présence de

.... (5). Et vous devrez bien réfléchir à vos questions, vous ne pourrez pas

lui poser .... (6).

– Merci infiniment.

– Mais très cher, vous n'êtes pas .... (7) de mes amis !

BILAN

1 Complétez.

> tous   d'autres   n'importe quoi   toute   une autre   tous
> quelqu'un   plusieurs   quelques   toutes   quelque chose   certaines

– Hier soir, j'ai assisté à un concert dans un très joli château.

– C'était quoi, comme concert ?

– Un concert de jazz, très bien, pas .... (1) !

– Et les musiciens ?

– C'est un quintette, cinq saxophonistes. Ils sont .... (2) diplômés

du Conservatoire de Paris, et .... (3) professeurs en province. Presque

.... (4) les fins de semaine ils donnent des spectacles et, pendant

les vacances, ils jouent en Europe mais aussi sur .... (5) continents.

– Ça t'a plu ?

– Oui, ils ont interprété .... (6) morceaux très connus, mais ils ont fait

aussi .... (7) bonnes improvisations. .... (8)

la salle était enthousiaste, on avait .... (9) envie de danser !

– Il fallait danser ! Et il est où, ce château ?

– Pas très loin de Chartres, c'est le château d'Esclimont. Il est dans un superbe cadre,

et a été transformé en relais. .... (10) fois, j'aimerais y passer

un week-end complet.

– Tu as des goûts de luxe ! En tout cas, n'hésite pas à me le dire, si tu as

.... (11) comme ça à me proposer. J'adore les châteaux, je suis

.... (12) que tu peux inviter sans problème !

2 Complétez.

> d'autres   certains   chacun   d'autres   chaque   tout
> certains   chaque   une autre   quelques

À .... (1) instant de .... (2) jour, des êtres

humains naissent et .... (3) meurent. .... (4)

ont de la chance, ... (5) moins, mais .... (6)

suit son chemin, probablement avec .... (7) virages, dont

.... (8) difficiles ! Mais .... (9) le monde a sa route,

et pas .... (10).

3 | **Complétez.**

Les tartelettes aux mandarines

> tout   quelques-uns   même   rien   quelques   n'importe qui
> tous   chaque   quelque chose   chacun   toutes   tout

– Alors, d'abord tu épluches les mandarines et tu fais un sirop que tu verses sur

.... (1) quartier, et tu laisses reposer jusqu'au lendemain. Tu prends

huit œufs, mais tu ne les casses pas .... (2), gardes-en

.... (3), deux ou trois pour faire une meringue si tu veux.

– Ça, c'est .... (4) de facile à faire.

– Oui, ensuite tu fais une crème avec le beurre, les œufs, le sucre et les amandes : mélange

bien .... (5), pour que ce soit bien onctueux.

– D'accord.

– Tu fais une pâte à tarte et tu la mets dans de petits moules de .... (6)

taille. Oui, et tu garnis .... (7) des moules avec la crème ; puis

tu décores avec .... (8) quartiers de mandarine et tu mets au four

35 minutes, pas plus. À la fin, tu peux recouvrir d'une meringue, avec les blancs d'œufs.

– Bon ! Je ne sais pas si c'est si simple, finalement !

– Mais si, c'est une recette facile, les tartelettes, ... (9) peut les réussir.

Et tu verras, ... (10) le monde adore ça. Tes invités les mangeront

.... (11) et ne te laisseront .... (12) ! Bon appétit !

3 LES PRONOMS PERSONNELS COMPLÉMENTS

➤ Demander des informations sur une action ➤ Raconter ➤ Dire ce que l'on a fait
➤ Donner des directives ➤ Dire à quelqu'un de faire quelque chose

A L'UTILISATION DES PRONOMS PERSONNELS COMPLÉMENTS

POUR LES PERSONNES	EXEMPLES
Me, te, nous, vous sont compléments d'objet directs ou indirects.	Ce film **me** plaît parce qu'il **m'**amuse.
Le, la, les, se remplacent un complément d'objet direct.	— Tu **le** connais, Christophe ? — Non, je ne **l'**ai jamais rencontré.
Lui, leur, se remplacent un complément d'objet indirect construit avec **à**.	J'ai reçu une carte de vœux de Farid, je **lui** répondrai demain.
Moi, toi, lui, elle, nous, vous, eux, elles s'utilisent après une préposition.	Pascal est amoureux de Sonya, il parle **d'elle** sans arrêt.
En est utilisé avec une expression de quantité.	— Il a des enfants ? — Oui, il **en a trois**.

Attention !
• Le participe passé s'accorde avec les pronoms compléments d'objet direct **me, te, le, la, nous, vous** et **les** : *Mes amis, je **les** ai rencontrés la semaine dernière.*
• Le pronom réfléchi peut être complément d'objet direct : *Ils **se** sont rencontrés*, ou complément d'objet indirect : *Ils **se** sont parlé.*
• À l'impératif affirmatif, **me, te** deviennent **moi, toi** : *Regarde-**moi** !*

1 Soulignez la forme correcte.

– Vous avez rencontré notre nouvelle collaboratrice. Que pensez-vous **d'elle/de lui** (1) ?

– Je **la/lui** (2) trouve très sympathique et très compétente. Pourquoi **me/moi** (3) demandez-vous ça ?

– Je pensais **la/lui** (4) proposer de travailler avec vous sur le projet Startin. Cela **le/vous** (5) convient ?

– Je dois donc **l'/lui** (6) informer sur tout ce que j'ai déjà fait ?

– Oui, cela **vous/elle** (7) pose un problème ?

– Non, mais il faut que je **la/lui** (8) explique tout très vite. Vous pouvez **la/lui** (9) demander de passer **me/moi** (10) voir cet après-midi ?

– Ce ne sera pas nécessaire, regardez : **elle/la** (11) voilà. Je **vous/les** (12) laisse tous les deux. Et tenez-**me/moi** (13) au courant !

2 Transformez.

Enquête : quels parents êtes-vous ?

1. Vous aidez vos enfants à faire leurs devoirs ?

   Vous les aidez à faire leurs devoirs ?

2. Vous discutez avec vos enfants ?

   Vous ....

3. Vous donnez de l'argent de poche à vos enfants ?

   Vous ....

4. Vous vous faites du souci pour vos enfants ?

   Vous ....

5. Vous faites confiance à vos enfants ?

   Vous ....

6. Vous passez du temps avec vos enfants ?

   Vous ....

7. Vous écoutez vos enfants quand ils ont un problème ?

   Vous ....

3 Complétez.

– Nos clients japonais sont bien arrivés ?

– Oui, je suis allé **les** (1) accueillir à l'aéroport et je .... (2) ai conduits à leur hôtel.

Ils vont pouvoir .... (3) reposer un peu avant notre première réunion de cet après-midi.

– Vous avez prévu d'aller .... (4) chercher ou vous .... (5) avez expliqué

comment venir ici ?

– Il y .... (6) a deux qui préfèrent venir seuls. Les deux autres, je .... (7) ai proposé

de passer .... (8) prendre à leur hôtel.

– Et vous avez déjà pu discuter un peu avec .... (9) ?

– Ils .... (10) ont tout de suite parlé de nos projets communs, bien sûr, mais je n'ai pas

voulu .... (11) poser trop de questions.

– Oui, vous avez raison. Il valait mieux .... (12) laisser le temps de .... (13) installer.

Donc, à cet après-midi, et n'oubliez pas le dossier « Villageoise », je compte sur .... (14) !

Les pronoms personnels compléments

4 Soulignez la forme correcte.

Raconter

Bien chers tous,

Un petit mot pour vous faire part de ce qui nous est **arrivées/arrivé** (1). Nous étions toutes les deux, Isabelle et moi, sur l'esplanade du Trocadéro et une fille s'est **approché/approchée** (2) de nous et elle nous a **demandé/demandées** (3) de la prendre en photo. Je l'ai **pris/prise** (4) en photo et je lui ai **rendu/rendue** (5) son appareil. Elle l'a **repris/reprise** (6), elle nous a **remerciés/remerciées** (7) et elle nous a **dit/dites** (8) qu'elle avait des questions à nous poser. C'était des questions très étranges, très personnelles. Très vite, je l'ai **arrêté/arrêtée** (9), nous l'avons **quittées/quittée** (10) mais elle s'est **mise/mis** (11) en colère et nous a **injuriée/injuriées** (12). Heureusement, elle ne nous a pas **suivi/suivies** (13). Je me suis **souvenue/souvenu** (14) que vous m'aviez **répété/répétée** (15) de faire attention à ces inconnus bizarres et je me suis **dit/dite** (16) que vous aviez probablement raison. Mais ne vous inquiétez pas, tout va très bien.

Je vous embrasse.

Maria

POUR LES CHOSES	EXEMPLES
Le, **la**, **les** remplacent un complément d'objet direct.	— Il ne reste plus de chocolats ? — Désolé, nous **les** avons finis.
En s'utilise : • avec une expression de quantité (article partitif, adverbe de quantité…) ; • avec un verbe construit avec la préposition **de**.	— Tu veux du café ? — Non, merci, je n'**en** bois pas. Le directeur ? Il était dans son bureau, il vient d'**en** sortir il n'y a pas deux minutes.
Y s'utilise : • avec un verbe construit avec la préposition **à** ; • pour remplacer un complément de lieu.	— Vous avez fait les courses ? — Oui, nous **y** avons pensé. J'ai quitté mon village depuis plus de vingt ans, et je n'**y** suis jamais revenu.

Attention !
• Le participe passé s'accorde avec les pronoms compléments d'objet direct *le, la, les* : *Ces livres, je les ai achetés hier.*
• *Le, en, y* remplacent aussi un groupe de mots ou une phrase complète : *Vous semblez contente, je le vois* (le = que vous êtes contente).

5 Transformez et accordez le participe passé.

Dire ce que l'on a fait

Ça y est ! Je crois que tout est prêt pour notre réception.

1. Les invitations – envoyer

    Les invitations, je les ai envoyées.

2. La salle – réserver

    ....

3. Les fleurs – commander

    ....

4. Les boissons – acheter

    ....

5. Les nappes – repasser

    ....

6. Les bouteilles de champagne – mettre au frais

    ....

7. La vaisselle – sortir

    ....

Tout va bien, il ne me reste plus qu'à aller me choisir une belle robe !

6 Complétez et accordez le participe passé si nécessaire.

Dire ce que l'on a fait

Une décision contestée

1. Le conseil municipal ***l'a votée*** (**voté**).
2. Tout le monde .... a .... (**parlé**).
3. Certaines personnes .... ont .... (**critiqué**).
4. D'autres .... ont .... (**adhéré**) immédiatement.
5. Les agriculteurs, par exemple, ... ont .... (**condamné**).
6. Les commerçants, au contraire, ... ont .... (**applaudi**).
7. Les personnes âgées .... ont .... (**regretté**).
8. Les écologistes, eux, ... ont .... (**combattu**).

Quant à moi, ne me demandez pas, la politique, ça ne m'intéresse pas !

7 Complétez avec *le, en* ou *y*.

1. Acheter le pain ? Pardon, je n'**y** ai pas pensé !
2. Tu ne seras pas là ce soir ? Je .... sais, tu .... as déjà parlé !
3. Oui, je t'ai menti. Je suis désolé, je ne .... ferai plus, je .... promets !

4. Ce que je ferai demain ? Mais je n' .... ai pas réfléchi !

5. Rester ici pour les vacances ? Je n' .... tiens pas du tout.

6. Je te propose une semaine en Corse ! Qu'est-ce que tu .... penses ?

7. Ce sera de vraies vacances ! Sois-......... sûre !

8. Je ne suis pas toujours facile ! Bien sincèrement, je .... reconnais.

8 **Complétez.**

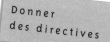

Donner
des directives

– Tu connais Indix ? C'est un jeu de société.

– Non. J'*en* (1) ai vaguement entendu parler mais je ne .... (2) ai jamais joué.

– Tiens regarde, je .... (3) ai apporté et je vais t'apprendre à .... (4) jouer, si tu veux.

D'abord, le plateau, tu .... (5) mets au milieu de la table. Et puis, les cartes avec les indices,

tu .... (6) laisses en pile dans la boîte. On joue par équipe.

– Et ces pions, qu'est-ce qu'on .... (7) fait ?

– Tu vas .... (8) mettre tous petit à petit sur les numéros du plateau. Bon, tu vas comprendre.

Passe-moi les cartes ! Je .... (9) prends une. Elle dit que tu dois chercher le nom d'une chose.

– Comment je .... (10) trouve, ce nom ?

– Tu dis un numéro, de 1 à 30. Je te lis l'indice qui correspond.

– Bon, le 15.

– D'abord, tu prends un pion et tu .... (11) poses sur la case 15. Et maintenant, écoute.

« Beaucoup de gens .... (12) ont plusieurs mais ils ne .... (13) utilisent jamais en même temps. »

Si tu as une idée, tu .... (14) dis, si c'est correct, tu marques 29 points, sinon, l'équipe suivante

demande un autre indice. Et ainsi de suite jusqu'à ce qu'une équipe trouve la bonne réponse.

– Ça a l'air sympa, comme jeu. Il y a beaucoup de cartes ?

– Je crois qu'il y .... (15) a plus de cent alors tu ne peux pas .... (16) connaître toutes.

Les pronoms personnels compléments

B L ' O R D R E   D E S   D O U B L E S   P R O N O M S

me te se nous vous	+ la le les	— Patrice, je peux prendre ta voiture ce soir ? — Oui, je **te la** prête.	le la les	+ lui leur	Jean-Yves a besoin de son ordinateur portable, il faut que tu **le lui** rendes le plus vite possible.
m' t' s' lui/l' nous vous leur/les	+ en	— Vos enfants reçoivent de l'argent de poche ? — Oui, je **leur en** donne chaque mois.	m' t' s' l' nous vous les	+ y	Moi, le bruit de la circulation, je ne **m'y** habituerai jamais !

Attention à l'ordre des pronoms à l'impératif affirmatif : *Explique-**le-moi**. Dis-**le-leur**. Parle-**m'en**.*

9 **Associez.**

1. Je veux vérifier si tu as appris tes leçons.
2. Nous voulons voir ton classeur de maths.
3. Tu dis que nous pouvons te faire confiance.
4. Tu ne joueras plus avec le jeu vidéo de ton copain.
5. J'exige que tu sois sérieux dans ton travail.
6. Je sais que ton professeur t'a rendu ta copie.

a. Prouve-le-nous !
b. Promets-le-moi !
c. Apporte-le-nous !
d. Montre-la-moi !
e. Rends-le-lui !
f. Récite-les-moi !

1.	2.	3.	4.	5.	6.
f					

10 **Mettez dans l'ordre.**

Dire à quelqu'un de faire quelque chose

1. Je voudrais un compte rendu de la réunion : avant / en / ce / rédigez / me / soir / un
   Rédigez-m'en un avant ce soir.

2. Le comptable a besoin de ce dossier : gentille / le / soyez / lui / apportez / apportez /,

   ....

3. J'ai peur d'oublier le rendez-vous : moi / rappelez / s'il vous plaît / le /,

   ....

4. Les délégués veulent une copie de ce document : une / après-midi / leur / cet / donnez / en

   ....

5. Le directeur sera content d'apprendre la nouvelle : immédiatement / la / dites / lui

    ....

6. Avec tout ce travail, j'ai besoin d'un café : tout de suite / en / me / apportez / un

    ....

11 Complétez.

1. – Pour postuler à cet emploi, des références sont nécessaires ?

    – Ah oui, il **vous en** faut absolument.

2. – Quand dois-je vous envoyer mon dossier de candidature ?

    – Vous devez .... adresser avant la fin de la semaine.

3. – Le directeur a embauché un nouveau comptable ?

    – Oui, il .... présentera à la réunion cet après-midi.

4. – Il manque une photo dans votre dossier.

    – Ah bon ! Pourtant je suis sûre de .... avoir donné une.

5. – Quand vais-je recevoir ma fiche de salaire ?

    – Ma secrétaire .... remettra le dernier jour de chaque mois.

6. – Où est le curriculum vitae de monsieur Roy ?

    – Mais Monsieur, je .... ai apporté ce matin.

12 Complétez.

1. Des fleurs ? À ma femme ? Mais je **lui en** offre toutes les semaines !

2. Des bonbons ? À toi ? Ne dis pas que je ne .... achète jamais !

3. Ma voiture ? À mon frère ? Oui, je .... prête à chaque fois qu'il .... demande !

4. Des explications ? À nos enfants ? Bien sûr, nous .... donnons dès qu'ils .... demandent !

5. Une invitation ? À Sophie ? Non, ce n'est pas la peine, je ne .... envoie pas, elle ne sera pas là !

6. Ses vêtements ? À ma fille ? C'est vrai, je .... emprunte de temps en temps mais je .... rends toujours en parfait état !

7. De l'argent ? À mes parents ? Non, je ne .... donne pas, ce sont eux qui .... donnent !

8. Notre maison ? À vous ? Nous ne .... laisserons jamais parce que nous ne savons pas dans quel état vous .... rendrez !

Les pronoms personnels compléments

13 Mettez dans l'ordre.

Dire ou ne pas dire ?

1.   ne / lui / parler / vous / en / avez / pu / avant / pas / ?

     Vous n'avez pas pu lui en parler avant ?

2.   le / dire / je / pas / lui / ne / avant / peux / demain

     ....

3.   en / vous / le / pensez / informer / ?

     ....

4.   je / le / vais / ne / pas / annoncer / lui

     ....

5.   demander / il / vous / voulu / a / pas / ne / le

     ....

6.   devrez / me / penser / y / faire / vous

     ....

14 Mettez dans l'ordre.

Dire à quelqu'un
de faire
quelque chose

1.   Chérie, tu as les photos ? les / bien / tu / montrer / me / veux / ?

     Tu veux bien me les montrer ?

2.   Je te laisse la lettre pour mes parents. pas / la / oublieras / leur / ne / tu / poster / de / !

     ....

3.   Bruno ne comprend rien à ses maths. expliquer / lui / essaie / les / de / !

     ....

4.   Le voisin a toujours ma perceuse. la / si / demande / rendre / me / lui / il / peut

     ....

5.   Je n'ai plus de cigares. pourras / une / me / tu / boîte / en / rapporter / ?

     ....

6.   Sophie demande la voiture pour ce soir. veux / lui / ne / prêter / je / pas / la / !

     ....

Les pronoms personnels compléments — Bilan

BILAN

1 Complétez.

ROXANE. – Maman, la chienne de Clément a fait des petits chiots. On peut .... (1) adopter un ?

SA MÈRE. – Ma chérie, on .... (2) a déjà parlé. Je sais que ça .... (3) ferait plaisir, mais pour

ton père et .... (4), il ne .... (5) est pas question ! Et nous .... (6) avons expliqué pourquoi.

Un chien, il faut .... (7) donner à manger, il faut .... (8) sortir, ... (9) emmener

se promener. Qui va .... (10) occuper de .... (11) ? Qui va .... (12) garder pendant

la semaine ? .... (13) tu es à l'école, ton père et .... (14), nous sommes au travail.

ROXANE. – Mais maman, je .... (15) assure que tout ira bien !

SA MÈRE. – Écoute, Roxane. Vois avec ton père. .... (16), je .... (17) ai dit ce que je .... (18)

pensais !

2 Complétez.

Voyage scolaire

Les enfants devront être munis de leurs papiers d'identité et .... (1) garder sur .... (2)

pour le passage de la douane. Un animateur .... (3) demandera ensuite, et

nous .... (4) conserverons pendant le séjour.

Sacs et valises porteront une étiquette au nom de l'enfant : merci d' .... coller .... (5)

également à l'intérieur du bagage.

Les jeux électroniques ne sont pas l'idéal dans une communauté, mais certains enfants ne

pouvant .... (6) passer, nous préférons .... (7) laisser.

Si des enfants jouent d'un instrument, qu'ils .... (8) apportent, nous .... (9)

écouterons jouer quelques morceaux le soir.

Un repas chaud .... (10) attend à mi-chemin au restaurant « La Cascade », juste après

Dijon. Nous comptons .... (11) arrêter vers 13 heures.

Vos enfants communiqueront avec .... (12) par e-mail, vous pourrez bien sûr

.... (13) envoyer aussi ! Vous savez combien c'est important pour .... (14)

de recevoir des nouvelles de .... (15). En revanche, ne .... (16) donnez pas

de téléphone mobile.

Soyez sûrs qu'ils passeront un agréable séjour.

Les pronoms personnels compléments — Bilan

3 Complétez et accordez les participes passés si nécessaire.

– Allô, Hôtel du Centre, bonjour.

– Bonjour, je suis monsieur Gardin, je vous appelle car hier, en partant, j'ai dû oublier

une trousse de toilette et plusieurs dossiers dans ma chambre. La trousse, je .... (1) avais

mis .... (2) dans le placard de la salle de bain, quant aux dossiers, je .... (3) avais rangé

.... (4) certains dans le tiroir de la table et les autres, je .... (5) avais posé .... (6)

sur l'étagère de l'armoire. La femme de ménage a dû tout trouver.

– Ne quittez pas, je vais .... (7) demander. […] Allô, monsieur Gardin ?

Oui, effectivement, les documents elle .... (8) a tous retrouvé .... (9) dans la chambre

en faisant le ménage. Elle .... (10) a cherché .... (11), vous et votre épouse, mais

vous étiez déjà partis. Pour la trousse de toilette, elle ne .... (12) a pas vu .... (13),

je suis désolé.

– Ah ! c'est bizarre, j'étais presque sûr de .... (14) avoir laissé .... (15) dans

la chambre. Je .... (16) ai sûrement égaré .... (17) ailleurs. Bon, vous pouvez m'envoyer

les documents ?

– Sans problème.

– Merci.

– À votre service.

LES PRONOMS RELATIFS

➤ Définir une chose ➤ Définir une personne ➤ Définir un lieu

A LES PRONOMS RELATIFS *QUI, QUE, DONT* ET *OÙ*

UTILISATION	EXEMPLES
Qui est sujet.	Nous avons des enfants **qui** vivent à l'étranger.
Que est complément d'objet.	Notre fille, **que** vous voyez là, vient de se marier.
Où est complément de lieu ou de temps.	Tous habitent dans une ville **où** il y a un aéroport international.
Dont remplace le complément (d'un verbe, d'un adjectif ou d'un nom) précédé de la préposition **de**.	Notre deuxième fils, **dont** je vous parlais, a rencontré une jeune Japonaise **dont** il a l'air très amoureux.

Attention à l'accord du participe passé avec le pronom *que* : *Sandrine, **que** j'ai rencontrée hier, m'a semblé très fatiguée.*

1 Soulignez la forme correcte.

Définir
une chose

1. J'ai vu un film **qui/<u>que</u>** tu dois absolument voir.

2. Finalement, il est allé à l'exposition **que/dont** tu lui avais parlé.

3. Elle a assisté au concert **que/dont** Johnny Hallyday a donné au stade de France.

4. J'ai invité des amis dans le restaurant **qui/dont** tu m'avais donné l'adresse.

5. Nous avons emmené les enfants au spectacle **qui/que** tu nous avais conseillé.

6. Mes parents ont visité le petit musée **dont/que** le guide Hachette recommandait.

7. Nous avons fait une excursion en bateau-mouche **dont/qui** nous nous souviendrons toujours.

2 Transformez avec *dont.*

Définir
une chose

1. Le Père Noël a mis dans les souliers d'Amélie une poupée. Elle en rêvait depuis longtemps.

   Le Père Noël a mis dans les souliers d'Amélie une poupée *dont elle rêvait depuis longtemps*.

2. Mes enfants m'ont offert un téléphone portable. Je m'en sers beaucoup.

   Mes enfants m'ont offert un téléphone portable ....

3. À Sandrine, le Père Noël a apporté un petit chien. Elle en est folle.

   À Sandrine, le Père Noël a apporté un petit chien ....

4. Pour Dominique, j'ai trouvé un ordinateur. Le prix de cet ordinateur était abordable.

    Pour Dominique, j'ai trouvé un ordinateur ....

5. Luc a eu plusieurs jeux électroniques. Il en avait envie.

    Luc a eu plusieurs jeux électroniques ....

6. Mon mari m'a acheté un collier en or. Toutes mes amies en sont jalouses !

    Mon mari m'a acheté un collier en or ....

3 Complétez avec *qui, que, qu'* ou *dont.*

Définir
une chose

En feuilletant mon dictionnaire

J'ai ouvert mon dictionnaire et j'y ai trouvé des mots *qui* (1) font rire, des mots .... (2)
je trouve bizarres, des mots .... (3) on utilise peu, des mots .... (4) on se sert souvent,
des mots .... (5) parlent d'amour, des mots .... (6) décrivent le temps, des mots .... (7)
il faut se méfier, des mots .... (8) la musique est belle, des mots .... (9) j'adore, des mots
.... (10) sentent la mer et le soleil, des mots .... (11) on dit seulement à ceux .... (12)
on aime, des mots .... (13) je déteste, des mots .... (14) je ne connais pas le sens, des mots
.... (15) tu es amoureuse, des mots .... (16) tu murmures, des mots .... (17) tu as peur,
des mots .... (18) me parlent de toi.

J'ai refermé mon dictionnaire et j'ai inventé d'autres mots, rien que pour toi.

4 Complétez avec *qui, que, dont* ou *où.*

Autour du monde

Paris est une ville *qui* (1) me plaît beaucoup et .... (2) on trouve plein de petites rues .... (3)
on peut flâner. Sur les murs des maisons, on voit souvent des plaques avec le nom d'une personne
célèbre .... (4) a vécu là mais .... (5) on ne connaît pas toujours !

Tokyo est une ville .... (6) je suis tombé amoureux le jour .... (7) j'y suis allé pour la
première fois. C'est une mosaïque de quartiers .... (8) sont comme des villages .... (9)
on trouve toutes les choses .... (10) on a besoin : magasins, banques, restaurants, etc.

Rome est la ville .... (11) je préfère parce qu'elle est associée, pour moi, à des films .... (12)
j'adore et .... (13) m'ont bouleversé : *La Dolce Vita, Vacances romaines,* etc. Et puis, je suis
méditerranéen !

5 **Accordez le participe passé.**

Définir
une chose

ÉLISE. – Finalement, les chaussures qu'on a **vues** (1) **(vu)** ce matin dans

la boutique, et que tu as .... (2) **(essayé)**, tu vas les prendre ?

YAMINA. – Non, celles que j'ai .... (3) **(acheté)** sont encore mieux. Elles vont

très bien avec la robe que j'ai .... (4) **(trouvé)** chez Jeanine-Couture et

que j'ai .... (5) **(mis)** dimanche pour l'anniversaire de Murielle et aussi

avec les bijoux que mon mari m'a .... (6) **(offert)** pour Noël.

CAROLINE. – Eh bien, moi, j'ai craqué pour le collier qu'on a .... (7) **(regardé)** l'autre

jour et pour les boucles d'oreilles qu'on nous a .... (8) **(montré)** chez le bijoutier.

ÉLISE. – Dis donc, tu ne te refuses rien !

6 **Faites une seule phrase avec _qui, que, dont_ ou _où_.**

Définir
une chose

1. Voici un objet.
a. une partie de cet objet est en métal
b. il sert à ouvrir les bouteilles de vin
**Voici un objet dont une partie est
en métal et qui sert à ouvrir les
bouteilles de vin.**

2. Je vais maintenant vous montrer un appareil.
a. il est utilisé pour communiquer
b. on l'emporte avec soi
c. tout le monde sait s'en servir
d. il y a beaucoup d'électronique dedans

....
....
....

3. Voici un objet.

a. les fumeurs ne s'en séparent jamais	c. on y met du gaz
b. les enfants ne doivent pas le toucher	d. il peut être jetable

....
....
....

LES PRONOMS RELATIFS AVEC UN PRONOM DÉMONSTRATIF

celui celle ceux celles	+ qui/que/dont/où	Mon fils aîné, **celui que** vous voyez sur la photo, travaille à San Francisco. Mes petits-enfants, **ceux dont** je vous ai parlé, viennent cet été.
ce	+ qui/que/dont	**Ce qui** me plaît chez mon gendre, c'est sa gentillesse. C'est exactement **ce dont** nous parlions.

7 Complétez avec *ce qui, ce que* ou *ce dont.*

Paroles de philosophe

1. Dans la vie, on ne fait pas toujours .... (1) on veut.

2. Il faut faire la différence entre .... (2) est bien et .... (3) est mal.

3. .... (4) compte, c'est .... (5) on a envie.

4. L'important, c'est .... (6) tu fais dans la vie.

5. .... (7) tu as, ce n'est pas toujours .... (8) tu as besoin.

6. Quand on ne sait pas .... (9) on cherche, on ne comprend rien à .... (10) on trouve.

8 Complétez avec *ce qui, ce que* ou *ce dont.*

Scène de ménage !

MURIELLE. – Tu ne t'intéresses pas à moi, tu ne sais même pas *ce que* (1) je pense, ... (2) je veux, ... (3) je rêve, ... (4) j'attends de toi, ... (5) j'aime, ... (6) me plaît, ... (7) je cherche dans la vie, ... (8) j'ai besoin, ... (9) m'amuse, ... (10) m'énerve ! Rien, tu ne sais rien de moi !

MARC. – Et toi, tu n'écoutes jamais .... (11) je te parle, ... (12) je te raconte ! Tu ne veux pas savoir .... (13) me passionne, ... (14) j'ai envie, ... (15) m'intéresse ; tu ignores .... (16) j'aime discuter, ... (17) me fait rire ou pleurer, ... (18) m'étonne, ... (19) m'émeut, ... (20) je ressens même !

MURIELLE ET MARC. – Comment a-t-on pu en arriver là !

9 Complétez avec *celui, celle, ceux, celles* ou *ce* et un pronom relatif.

Quelle étourdie !

BRIGITTE. – Je ne sais plus où j'ai mis mon sac !

JEAN. – Lequel ? *Celui que* (1) je t'ai offert ?

BRIGITTE. – Non, ... (2) je me sers pour aller à la gym, ... (3) je mets mes affaires de sport. Dedans, il y avait les serviettes, mon survêtement…

JEAN. – Les serviettes ? .... (4) j'utilise ?

BRIGITTE. – Oui, ... (5) on prend pour la piscine. Mais pas toutes : il reste .... (6) était au lavage. Pour les survêtements aussi, on a de la chance, j'avais sorti .... (7) les enfants ont besoin cet après-midi pour le foot. Mais .... (8) te va si bien, le jaune, est perdu avec le sac !

JEAN. – Tu exagères ! Tu pourrais faire attention à .... (9) tu fais quand même !

C LES PRONOMS RELATIFS AVEC UNE PRÉPOSITION

UTILISATION	EXEMPLES
Préposition + qui : remplace une personne.	– Qui est la personne **à qui** tu parlais ? – Marc, le copain **chez qui** je passe mes vacances.
Préposition + lequel, laquelle, lesquels, lesquelles : remplace une chose.	Passe-moi la boîte **dans laquelle** j'ai rangé mes disquettes. Voilà l'ordinateur **sans lequel** je ne peux pas travailler.

Attention !
• aux contractions avec **à *(auquel, auxquels, auxquelles)*** et de *(**duquel, desquels, desquelles**)*.
• *Lequel, laquelle, lesquels, lesquelles* peuvent aussi être utilisés pour des personnes.

10 Complétez avec *qui, lequel, laquelle, lesquels* ou *lesquelles.* (Il peut y avoir deux réponses possibles.)

Élections

1. Les listes électorales sont des listes sur *lesquelles* les électeurs doivent être inscrits pour pouvoir voter.

2. La carte d'électeur est un document sur .... on indique le nom, l'adresse, la date de naissance du titulaire.

3. Les personnes pour .... on peut voter sont les candidats.

4. Les boîtes dans .... on met les bulletins de vote s'appellent des urnes.

5. Quand vous votez, on vous donne une petite enveloppe dans .... vous devez mettre votre bulletin.

6. Tous les candidats contre .... il s'est présenté ont obtenu plus de voix que lui.

7. Il y a des gens sans .... on ne pourrait pas compter les voix aux élections : les bénévoles.

11 Complétez avec *duquel, de laquelle, desquels* ou *desquelles*.

Définir un lieu

Regarde mes photos !

1. Là, tu vois, c'est la rivière *au bord de laquelle* on pique-niquait le dimanche. **(au bord de)**

2. Ici, c'est le lac .... se trouve la petite île où on allait camper. **(au milieu de)**

3. Regarde ce pont, c'est celui .... il y a l'école de mon enfance. **(en face de)**

4. Tiens, une photo de la vieille église .... habitent mes grands-parents. **(à côté de)**

5. Et ça, c'est le vieux moulin .... je montais souvent pour regarder la campagne. **(en haut de)**

6. Oh ! j'avais oublié celle-là : les vignes .... on jouait à cache-cache ! **(au milieu de)**

7. Regarde, la grotte .... on se cachait, tu te souviens ? **(au fond de)**

8. Toutes ces photos représentent des lieux .... je ne peux pas vivre longtemps ! **(loin de)**

Les pronoms relatifs

12 Complétez avec *auquel, à laquelle, auxquels* ou *auxquelles.*

Jean-Pierre. – Alors ce déménagement et ce nouveau travail, tu t'en sors ?

Dominique. – Difficilement, avec tous ces changements ! Il y a tellement de choses **auxquelles** (1) il faut faire attention ! L'environnement .... (2) je dois m'habituer, les administrations .... (3) il faut que j'écrive, tous les petits problèmes .... (4) je n'ai pas encore trouvé de solution, les lettres .... (5) je n'ai pas eu le temps de répondre, mon nouvel ordinateur .... (6) je ne comprends rien, l'école .... (7) je vais inscrire mes enfants, le club de tennis et le cours de musique .... (8) je dois encore penser !… Ah la la ! Je n'ai pas encore fini !

13 Transformez.

Définir une personne

La femme idéale

1. Je peux discuter avec elle.
2. Je ne pourrais pas vivre sans elle.
3. J'ai de l'admiration pour elle.
4. Je peux me confier à elle.
5. Je trouve la paix auprès d'elle.

L'homme idéal

6. J'ai confiance en lui.
7. Je peux compter sur lui.
8. J'ai envie de tout partager avec lui.
9. Je me sens seule loin de lui.
10. Tout me plaît chez lui.

La femme idéale, pour moi, c'est une femme :

1. *avec qui je peux discuter.*
2. ....
3. ....
4. ....
5. ....

L'homme idéal, pour moi est un homme :

6. ....
7. ....
8. ....
9. ....
10. ....

BILAN

1 **Complétez.**

Chers tous,

Finalement, je me suis inscrite au cours d'anglais commercial .... (1) Dominique m'avait parlé. Je suis avec des gens .... (2) ont une expérience professionnelle assez différente de la mienne mais avec .... (3) je m'entends très bien. Notre professeur est un Américain .... (4) l'accent ne m'est pas familier mais .... (5) j'espère m'habituer vite. Le jour .... (6) j'ai commencé, j'ai compris qu'il y avait beaucoup de choses .... (7) je ne connaissais pas. Le prof nous a fait regarder une vidéo .... (8) l'enregistrement n'était pas très clair et .... (9) nous a posé beaucoup de problèmes. Après, il nous a distribué des documents .... (10) nous avons dû lire rapidement et au sujet .... (11) nous avons discuté en petits groupes. C'est un exercice .... (12) je trouve stimulant parce qu'il nous met dans une situation identique à celle .... (13) nous attend dans le monde du travail. J'espère que je serai prête au moment .... (14) je passerai l'examen, ... (15) la date n'est pas encore fixée, d'ailleurs. Il va falloir que je travaille beaucoup !

Je vous tiens au courant. Je vous embrasse.

Claudine

2 **Complétez.**

CHRISTIAN. – Charles-Henri, tu as une minute ? Tu sais, il y a un petit problème .... (1) je voudrais te parler et pour .... (2), j'en suis sûr, tu pourras m'aider.

CHARLES-HENRI. – Oui, qu'est-ce que c'est ?

CHRISTIAN. – Je suis invité dans un château à un dîner .... (3) assisteront des gens très, très chics, si tu vois ce .... (4) je veux dire !

CHARLES-HENRI. – Oui, j'imagine ! Ce sont des gens avec .... (5) tu travailles ?

CHRISTIAN. – Non, pas du tout, ce sont des gens .... (6) je ne connais pas et les châteaux, ce ne sont pas des endroits .... (7) j'ai l'habitude d'aller.

CHARLES-HENRI. – Et où est le problème ?

CHRISTIAN. – Les couverts, les verres, tout ! Est-ce que tu sais, toi ? Le verre dans .... (8) on boit de l'eau, c'est celui .... (9) est à droite ou celui de gauche ? Et le couteau .... (10) on se sert pour couper le poisson, c'est celui .... (11) n'a pas de dents ? C'est ça ?

CHARLES-HENRI. – Oui, c'est celui .... (12) ne coupe pas et .... (13) la forme est différente des autres.

CHRISTIAN. – C'est terrible, il y a trop de détails .... (14) il faut penser.

CHARLES-HENRI. – Ne t'en fais pas, ça se passera bien !

3 Complétez.

La table du Périgord

Monsieur et madame Laporte dirigent cette maison .... (1) des peintres célèbres ont fréquentée et .... (2) ils ont laissé les traces de leur passage. La clientèle se presse dans cette brasserie .... (3) l'histoire se confond avec celle du quartier Latin. Le chef propose une cuisine .... (4) les plats du Périgord se marient avec ceux .... (5) l'on rencontre dans la gastronomie auvergnate. Sur la carte, à côté de l'œuf mayonnaise et des salades, j'ai trouvé un cassoulet avec .... (6) on sert un vin des Pyrénées .... (7) je me souviendrai longtemps.

La cave est pleine de petits vins .... (8) viennent d'Auvergne et .... (9) sont aussi servis en pichet ou .... (10) vous pouvez même boire au verre. Il faut aussi signaler la gentillesse avec .... (11) la patronne vous reçoit.

L'INFINITIF

➤ Exprimer des jugements, des sentiments ➤ Donner une précision ➤ Définir
➤ Dire ce que l'on a fait ➤ Raconter

A LA FORMATION DE L'INFINITIF

FORMES	EXEMPLES
Infinitif présent : parl**er** – fin**ir** – sav**oir** – connaî**tre**	**Manger** et **boire** sont essentiels pour **vivre**.
Infinitif passé : **avoir** ou **être** **+ participe passé**	Je prendrai ce médicament après **être allée** chez le docteur et lui **avoir demandé** son avis.
Forme négative : **ne pas** **ne plus** **ne jamais** **+ infinitif**	Tu es malade, le mieux est de **ne pas sortir** !

Attention !
• Aux pronoms des verbes pronominaux : *Je vais **me** coucher. **Nous** devons **nous** lever tôt.*
• À la négation *ne + infinitif + personne* : *C'est dommage de **ne** voir **personne**.*
• Le choix de l'auxiliaire et l'accord du participe passé suivent les mêmes règles que pour le passé composé et les temps composés : *Je déjeunerai après m'**être** douché(e). Tes enfants, je suis contente de **les avoir** vus.*
• L'infinitif passé marque une antériorité par rapport au temps de la phrase principale.

1 Transformez.

Définir

Pendant les vacances, je vis différemment (1), je ne prévois rien (2), je lis (3),

je fais du sport (4), je me promène (5), j'écris (6), je dors (7), je m'amuse (8), je ne travaille pas (9),

je n'ai pas d'obligations (10), je sors le soir (11), je vais à la plage (12), j'envoie des cartes postales (13),

je peins (14), je n'organise rien à l'avance (15).

Pour moi, les vacances, c'est *vivre différemment,* ....

....

....

....

....

....

2 **Mettez à l'infinitif passé.**

Avant de se marier, il est important :

1. d'*avoir fait* (**faire**) des études.

2. de .... (**voyager**).

3. de .... (**s'amuser**).

4. de ....
    (**se faire**) des amis.

5. de .... (**sortir**).

6. de ....
    (**s'éloigner**) de sa famille.

7. de ....
    (**vivre**) seul.

8. de ....
    (**connaître**) d'autres manières de vivre.

9. de ....
    (**essayer**) plein de choses.

Tu ne crois pas ?

3 **Transformez.**

Si nous déménageons, plusieurs choses nous font peur :

1. nous ne serons plus dans notre environnement,
    ne plus être dans notre environnement,

2. nous ne verrons plus nos amis,
    ....,

3. nous n'aurons jamais une maison aussi belle,
    ....,

4. nous ne nous baignerons plus,
    ....,

5. nous ne nous promènerons plus sur la plage,
    ....,

6. nous ne trouverons pas les mêmes commerçants,
    ....,

7. nous ne connaîtrons plus personne,
    ....,

8. nous ne ferons plus rien comme avant.
    ....

4 Transformez.

Exprimer
des sentiments

Je ne suis pas très sûre de moi. J'ai passé un entretien pour un nouveau travail, mais...

1. Est-ce que j'ai bien répondu ?   *J'ai peur de ne pas avoir bien répondu.*

2. Est-ce que je me suis bien présentée ?

    ....

3. Est-ce que j'ai fait bonne impression ?

    ....

4. Est-ce que je me suis bien expliquée ?

    ....

5. Est-ce que j'ai été assez claire ?

    ....

6. Est-ce que j'ai eu les bons réflexes ?

    ....

7. Est-ce que je me suis assez mise en valeur ?

    ....

J'espère quand même que je serai engagée !

B L'UTILISATION DE L'INFINITIF

UTILISATION	EXEMPLES
L'infinitif s'utilise après : • **aimer, préférer, détester**... • les verbes modaux : **devoir, falloir, pouvoir, savoir, vouloir.** • les verbes de mouvement : **aller, venir, monter, descendre, sortir**... • les verbes de perception : **entendre, écouter, voir, regarder, sentir**... • les verbes **laisser** et **faire.** • des constructions impersonnelles : **il est important de, c'est facile à**... • des prépositions : **à, de, pour, sans, après, avant de**...	J'**aime étudier** le violon ! Vous **savez** bien **chanter.** **Viens t'asseoir** à côté de moi, on **va faire** un morceau ensemble. Je ne l'**ai** jamais **entendu jouer.** Mon professeur me **fait répéter** chaque jour. Le violon, **c'est difficile à étudier.** **Avant de donner** des concerts, j'ai enseigné le piano.

Attention !
• Le verbe conjugué et l'infinitif ont le même sujet : *Il veut le faire lui-même.* Avec les verbes de **perception** et les verbes *laisser* et *faire*, l'infinitif a pour sujet le complément d'objet : *Je l'ai vu pleurer.*
• Place du pronom personnel complément d'objet : avec les verbes de **perception** et les verbes *laisser* et *faire* : *Je l'ai vu prendre le train* ; **avec les autres :** *J'adore l'écouter.*
• La préposition *après* est toujours suivie de **l'infinitif passé.**

5 **Transformez.**

Dire ce que
l'on a fait

LUCIEN. – Alors, cette semaine, c'était bien ?

GASTON. – Mes cinq jours à Nice, tu veux dire ! Je ne suis parti que lundi !

LUCIEN. – Mais, *tu n'as pas pu partir* (1) (**tu n'es pas parti/pouvoir**) samedi ?

GASTON. – Non, le jour où .... (2) (**je suis parti/vouloir**),

l'aéroport était fermé à cause du brouillard. .... (3)

(**J'ai trouvé/falloir**) une autre solution. .... (4) (**Je suis allé/devoir**)

à la gare, mais .... (5) (**je n'ai pas trouvé/pouvoir**) de place

dans le TGV. .... (6) (**J'ai fait/devoir**) de l'auto-stop,

mais .... (7) (**personne ne s'est arrêté/vouloir**) et

.... (8) (**j'ai attendu/devoir**) deux jours avant de trouver un vol.

LUCIEN. – C'est bien la peine de voyager en avion !

6 **Transformez.**

Dire ce que
l'on a fait

Une journée bien remplie

Aujourd'hui, je n'ai pas vu le temps passer ! *Je suis allée faire* des courses (1) (**Je suis allée/**

J'ai fait), ensuite, Hélène .... (2) (**est venue/elle m'a rejointe**)

et .... (3) (**nous sommes parties/nous nous sommes**

promenées). À midi, ... (4) (**j'ai couru/j'ai attendu**)

les enfants à la sortie de l'école et .... (5) (**je suis rentrée/**

je les ai fait déjeuner). À 14 heures, ... (6) (**je suis**

retournée/je les ai conduits) à l'école, et après .... (7)

(**je suis partie/j'ai travaillé**). Le soir, ... (8) (**je suis rentrée/**

je me suis changée), ... (9) (**je suis descendue/j'ai pris**)

un taxi, et avec Pierre, ... (10) (**nous sommes sortis/**

on a dîné) au restaurant.

7 **Mettez dans l'ordre.**

1. tu / pleurer / quelquefois / est-ce que / le / vois / ?

   Est-ce que tu le vois pleurer quelquefois ?

2. se / entends / la / rarement / je / plaindre

   ....

3. des / ils / raconter / histoires / écoutent / la

   ....

4. à / rire / les / elle / fait / fois / chaque

   ....

5. ne / entrer / peut-être / pas / elle / laissera / les

   ....

6. le / regardé / avancer / elle / bruit / a / sans

   ....

7. as / est-ce que / le / déjà / tu / entendu / chanter / ?

   ....

8. exprimer / ne / laisse / pas / se / les / il

   ....

8 **Transformez.**

Raconter

MADAME MICHU. – Vous ne trouvez pas qu'il est bizarre, le nouveau locataire du cinquième ?

LA GARDIENNE. – Ah, si alors ! Tenez, hier soir, je n'ai pas compris ce qu'il faisait.

Je l'ai entendu sortir (1) **(Je l'ai entendu qui sortait)** de chez lui, alors j'ai jeté un œil et

.... (2) **(je l'ai vu qui portait)** un gros sac.

MADAME MICHU. – Moi aussi, ... (3)

(je l'ai vu qui descendait) avec un sac.

LA GARDIENNE. – .... (4) **(Je l'ai aussi entendu qui parlait)**

tout seul. Il est allé à la cave, et par le trou de la serrure .... (5)

(je l'ai vu qui mettait) quelque chose dans la poubelle. .... (6)

(Je l'ai regardé qui refermait) le couvercle, il avait l'air inquiet.

MADAME MICHU. – Vraiment, je me demande ce qu'il fait !

9 Transformez.

Le meilleur contrat avec « En toute sécurité »

Vous partez en voyage, mais est-ce que vous êtes sûr

de laisser (1) **(que vous laissez)** votre maison dans les

meilleures conditions, ... (2)

(que vous n'oubliez pas) de fenêtre ouverte,

.... (3) **(que vous**

avez bien éteint) les lumières et le chauffage avant

.... (4) **(que vous partiez)**

et .... (5) **(que vous avez**

déposé) un double de vos clés chez vos voisins ou amis ?

Êtes-vous certain .... (6)

(que vous avez pensé) à tout ?

Grâce à nous, vous aurez la garantie ....

.... (7)

(que vous n'aurez pas) de préoccupations pendant votre

voyage loin de chez vous !

Si vous nous faites confiance, vous êtes sûr ....

.... (8) **(que vous ne**

trouverez aucune mauvaise surprise) à votre retour !

Merci de votre confiance !

10 Complétez avec un infinitif présent ou passé.
(Attention à l'accord du participe passé.)

MADAME PIGNET. – Oh ! Julia, il est presque 19 heures, l'avion risque de *ne pas m'attendre* (1)

(ne pas m'attendre) ! Je dois .... (2) **(se dépêcher)** !

Mais avant de .... (3) **(s'en aller)**, je voulais

.... (4) **(se mettre d'accord)** avec Richard, il n'est pas revenu ?

JULIA. – Non, il a dû .... (5) **(retarder)**.

MADAME PIGNET. – Tant pis, je pars, ça serait stupide de .... (6) **(obliger)**

de .... (7) **(prendre)** un autre avion. Je vous laisse ces dernières pages.

Après les .... (8) **(relire)** et les .... (9) **(corriger)**,

partez sans .... (10) **(s'inquiéter)**, n'attendez pas Richard, il fermera

le bureau.

JULIA. – D'accord. Bon voyage, madame Pignet.

11 Complétez avec *faire* ou *laisser*.

– Quelle maison immense ! Qui va habiter ici ?

– C'est la famille Arlet, des gens qui ont neuf enfants.

– Eh bien, ils **font** (1) construire un château !

– Oui, un vrai château ! Ces gens-là travaillent beaucoup, mais ils sont un peu étranges dans leur manière d'élever leurs enfants : ils les .... (2) jouer dehors tous les soirs, ils les .... (3) faire tout ce qu'ils veulent, ils les .... (4) fumer, moi je trouve ça anormal, si jeunes !

– Ils devraient les .... (5) travailler avec eux, leur .... (6) faire leurs devoirs, et s'ils n'ont pas le temps, au moins les .... (7) surveiller !

BILAN

1 Soulignez la ou les réponse(s) correcte(s).

LA COMPTABLE. – Vous savez que monsieur Crépeau a refusé le poste de directeur à Paris ?

UNE SECRÉTAIRE. – Oui, je crois qu'il manque de confiance en lui, il a peut-être eu peur de **ne pas être/ne pas avoir été** (1) assez compétent.

LA COMPTABLE. – Ça m'étonne ! Je l'ai vu **diriger/avoir dirigé** (2) différentes équipes, il sait parfaitement **encadrer/avoir encadré** (3) le personnel. Non, à mon avis, il a préféré ne pas nous **quitter/avoir quittés** (4) !

LA SECRÉTAIRE. – Il a tout de même eu un problème ici, une fois, je crois ?

LA COMPTABLE. – C'est vrai, mais c'était un malentendu, et après **s'expliquer/s'être expliqué** (5) et **présenter/avoir présenté** (6) ses excuses, il n'a jamais rencontré d'autres difficultés.

LA SECRÉTAIRE. – Moi, je pense qu'il n'a peut-être pas vraiment envie **de changer/d'avoir changé** (7) de vie.

LA COMPTABLE. – Sans doute, mais c'est dommage pour lui parce que c'était une promotion. Il risque de **se tromper/s'être trompé** (8) et **de manquer/d'avoir manqué** (9) une belle occasion !

LA SECRÉTAIRE. – Écoutez, c'est bien de **le garder/l'avoir gardé** (10) ici à Toulouse avant qu'il se décide peut-être un jour à **tenter/avoir tenté** autre chose (11) !

2 **Répondez aux questions avec l'infinitif et un pronom si nécessaire.**
(Attention à l'accord du participe passé.)

LE COMMISSAIRE. – Vous ne m'avez pas tout dit ?

MONSIEUR LANDRIN. – Si, je pense .... (1)

LE COMMISSAIRE. – Vous ne m'avez rien caché ?

MONSIEUR LANDRIN. – Non, je ne crois pas .... (2)

LE COMMISSAIRE. – Vous n'avez jamais vu cet homme ?

MONSIEUR LANDRIN. – Non, je suis sûr de .... (3)

LE COMMISSAIRE. – Et vous ne connaissez pas cette femme ?

MONSIEUR LANDRIN. – Non plus, je ne pense pas .... (4), non !

LE COMMISSAIRE. – Vous me mentez !

MONSIEUR LANDRIN. – Écoutez ! Je n'ai aucun besoin de .... (5) !

LE COMMISSAIRE. – Hier vous avez dîné avec ces deux personnes !

MONSIEUR LANDRIN. – Pas du tout ! Hier, après .... (6) **(aller)** seul
au restaurant, je suis rentré .... (7) **(se coucher)** tranquillement.

LE COMMISSAIRE. – Vous avez un témoin ?

MONSIEUR LANDRIN. – Je ne peux pas .... (8), je vis seul !

LE COMMISSAIRE. – Bon, reprenons depuis le début...

3 **Complétez.**

Franck, un petit mot de bienvenue à Nîmes, et quelques consignes !

D'abord, la porte d'entrée : après .... (1) **(la fermer)**, vérifie
bien la serrure, parfois, elle ferme mal.

Je te laisse Biscotte. Tu verras, c'est un chat un peu sauvage et très gourmand ! Il n'aime pas
.... (2) **(prendre)** dans les bras. Après .... (3) **(manger)**,
il essaiera de .... (4) **(s'approcher)** de toi, attention aux griffes !

Surtout ouvre bien la fenêtre de la salle de bains après .... (5)
(se doucher), à cause de l'humidité.

La femme de ménage vient mardi. Si tu as besoin de .... (6)
(se faire repasser) des vêtements, demande-lui.

Est-ce que tu peux .... (7) **(se renseigner)** auprès du gardien,
il a peut-être un paquet pour moi ?

Je compte sur toi pour mes plantes ! N'oublie pas de .... (8)
(les arroser) ! J'espère que tu vas .... (9) **(se plaire)** chez moi !

Bon séjour et à bientôt. Bisous.   Christelle.

LES TEMPS DU PASSÉ

➤ Raconter au passé ➤ Dire ce que l'on a fait ➤ Décrire au passé

A L'IMPARFAIT ET LE PASSÉ COMPOSÉ

UTILISATION DE L'IMPARFAIT	UTILISATION DU PASSÉ COMPOSÉ
L'imparfait indique : • une habitude passée : Quand j'**étais** enfant, nous **allions** tous les ans en vacances au bord de la mer. • un état passé : Elle **était** grosse, mais maintenant, elle est mince. • une action en cours d'accomplissement dans le passé : Quand je l'ai vue, elle **montait** dans le métro.	Le passé composé indique : • un fait passé par rapport au moment ou l'on parle : Le mois dernier, il **est allé** au cinéma tous les jours. • une action accomplie : Pas de dessert pour moi, j'en **ai** déjà **pris** un.

Attention à l'accord du participe passé :
• avec l'auxiliaire **être**, le participe passé **s'accorde avec le sujet**. *Elle* est partie *très tôt ce matin.*
• avec l'auxiliaire **avoir**, le participe passé **s'accorde avec le complément d'objet direct placé devant**. *Marie ? Je l'ai vue hier à la cafétéria.*

1 Conjuguez les verbes à l'imparfait.

 Décrire au passé

Un dimanche à la campagne

Ce jour-là, je suis arrivé chez mes grands-parents juste après le déjeuner. Grand-mère *tricotait* (1) **(tricoter)**, grand-père .... (2) **(jardiner)**, mon oncle Jules

.... (3) **(fumer)** sa pipe, ma tante Amélie .... (4) **(faire)**

manger son bébé, mes cousines .... (5) **(cueillir)** des fleurs, mon père

et mon frère .... (6) **(bricoler)** à l'entrée du garage, ma mère

.... (7) **(ranger)** la cuisine, mes cousins .... (8) **(jouer)**

dans le jardin, une jeune fille inconnue .... (9) **(lire)**, adossée au cerisier :

le coup de foudre !

2 **Conjuguez les verbes au passé composé.**

Dire ce que l'on a fait

CHARLINE. – Alors, Maud, ces vacances ?

MAUD. – Formidables ! Je *suis partie* (1) (**partir**) le dimanche matin de bonne heure avec Sarah.

Nous .... (2) (**passer**) une bonne partie de la journée en voiture, c'est moi

qui .... (3) (**conduire**) tout le temps et nous .... (4)

(**arriver**) dans l'après-midi. Nous .... (5) (**ne pas s'arrêter**).

CHARLINE. – Et vous .... (6) (**avoir**) quel temps ?

MAUD. – Il .... (7) (**faire**) beau tout le long du trajet.

CHARLINE. – Et vous .... (8) (**aller**) faire du ski tout de suite ?

MAUD. – Ah oui ! Immédiatement ! Nous .... (9) (**louer**) le matériel,

les skis et les chaussures, et nous .... (10) (**acheter**) nos forfaits.

CHARLINE. – Mais vous .... (11) (**se reposer**) un peu ?

MAUD. – Non, nous .... (12) (**ne pas vouloir**) perdre de temps !

Mais chut ! Je te raconterai la suite plus tard, voilà le prof !

3 **Conjuguez les verbes au passé composé et faites l'accord du participe passé.**

Dire ce que l'on a fait

ELLE. – Chéri ! Tu sais où sont mes lunettes ?

LUI. – Là où tu *les as laissées* (1) (**les laisser**) en rentrant !

ELLE. – Non, justement, je .... (2) (**ne pas les prendre**) ce matin,

je .... (3) (**les oublier**).

LUI. – Comment est-ce que tu .... (4) (**faire**) alors ?

ELLE. – Je .... (5) (**mettre**) mes verres de contact, mais j'ai mal aux yeux

maintenant.

LUI. – Ne les retire pas tout de suite, il faut que tu m'aides à chercher les papiers de la voiture.

ELLE. – Tu .... (6) (**ne pas les poser**) sur l'étagère de l'entrée ?

LUI. – Si, mais ils n'y sont pas. Je .... (7) (**les voir**) ce matin

mais ils .... (8) (**disparaître**).

ELLE. – Ils .... (9) (**ne pas se volatiliser**) quand même !

Tu .... (10) (**ne pas les perdre**) au moins ?

LUI. – Non, regarde dans ton sac, on ne sait jamais.

ELLE. – Attends... oui, les voilà ! Désolée ! Et mes lunettes sont là aussi !

4 Conjuguez les verbes au passé composé ou à l'imparfait.

Raconter au passé

À l'époque où j'*habitais* (1) **(habiter)** rue Victor-Hugo, mes voisins d'en face

.... (2) **(avoir)** un chien qui .... (3) **(être)**

très malheureux. Il .... (4) **(pleurer)** toute la journée.

Ça me .... (5) **(faire)** mal au cœur, la pauvre bête !

Un jour, ils .... (6) **(se débarrasser)** de lui. Comment ? Je ne sais pas !

Mes voisins du dessus .... (7) **(recevoir)** souvent des amis.

Ils .... (8) **(mettre)** leur musique très fort, ça me

.... (9) **(empêcher)** de dormir. Un soir, je .... (10)

(en avoir) assez. Je .... (11) **(appeler)** la police qui

.... (12) **(arriver)** immédiatement. La semaine dernière, ces voisins

.... (13) **(déménager)**.

Mes voisins du dessous .... (14) **(adorer)** la cuisine orientale.

Ça .... (15) **(sentir)** toujours très bon dans la cage d'escalier.

Mais dernièrement, ils .... (16) **(partir)**. C'est vraiment dommage !

5 Conjuguez les verbes au passé composé ou à l'imparfait.

Raconter au passé

Il *était* (1) **(être)** midi exactement. Les mariés

.... (2) **(sortir)** de l'église :

ils .... (3) **(sourire)**,

ils .... (4) **(être)** heureux.

Il la .... (5) **(tenir)** par la main,

elle le .... (6) **(regarder)** tendrement.

Les invités .... (7) **(se préparer)**

pour la photo. Brusquement, un claquement

.... (8) **(retentir)**, les oiseaux

qui .... (9) **(être)** perchés

sur les branches des arbres .... (10)

(s'envoler), le jeune marié .... (11)

(s'écrouler), la jeune mariée .... (12)

(hurler), tout le monde .... (13)

(se pencher) sur le corps sans vie du marié. Dans ce grand

silence, on .... (14) **(entendre)** une fenêtre se refermer...

LA MARIÉE ÉTAIT EN NOIR

Un film de François Truffaut
avec Jeanne Moreau, Charles Denner,
Jean-Claude Brialy

6 **Conjuguez les verbes au passé composé ou à l'imparfait.**

MILENA. – Alors, Julie, ton séjour à Londres, ça *s'est bien passé* (1) **(bien se passer)** ?

JULIE. – Oui, super génial ! Quand je .... (2) **(arriver)**, en septembre,

je .... (3) **(ne connaître personne)** bien sûr. La ville me

.... (4) **(sembler)** immense, je .... (5) **(avoir)**

l'impression d'être sur une autre planète. Les gens .... (6) **(ne pas parler)**

la langue qu'on apprend à l'école.

MILENA. – Comment est-ce que tu .... (7) **(faire)** alors ?

JULIE. – Eh bien, je .... (8) **(suivre)** les conseils d'un de mes profs

et je .... (9) **(prendre)** l'habitude d'aller dans un pub, toujours le même,

et c'est là que je .... (10) **(faire)** la connaissance de Peter...

MILENA. – ... et brusquement l'anglais .... (11) **(devenir)** la langue

la plus facile du monde.

7 **Mettez au passé.**

Programme de télévision

1. Alexandrine, 12 ans, écrit des poèmes étranges. Le soir, elle se couche tout habillée. Le matin, elle refuse de manger. Un jour, dans un de ses rêves, elle reçoit la visite d'un extraterrestre.

    Alexandrine, 12 ans, écrivait des poèmes étranges. ....

    ....

    ....

2. Édouard vit avec sa famille et veut plaire à toutes les femmes. Un jour, il rencontre Hélène, une jeune femme. Ils tombent amoureux l'un de l'autre mais leur amour ne dure pas.

    ....

    ....

    ....

3. Un ingénieur chimiste poursuit ses recherches. Un jour, il trouve la formule miracle qui doit lui permettre de faire fortune mais il doit lutter contre un concurrent.

    ....

    ....

    ....

B LE PLUS-QUE-PARFAIT

FORMATION	EXEMPLES
Avoir ou **+ participe passé** **Être** (à l'imparfait)	La police est arrivée trop tard : les voleurs **s'étaient enfuis**. Nous **avions** déjà **fini** de dîner quand Pierre est arrivé.

Attention !
• Le choix de l'auxiliaire et l'accord du participe passé suivent les mêmes règles que pour le passé composé : *Elle s'était couchée très tard. Elle a perdu les gants que je lui avais offerts.*
• Dans une phrase au passé, le plus-que-parfait indique une action complètement finie et antérieure à une autre : *Je n'ai pas pu lui téléphoner parce que j'**avais oublié** mon carnet d'adresses.*

8 Retrouvez les verbes au plus-que-parfait.

il aurait compris   ~~ils étaient partis~~   tu avais perdu   elles se sont perdues

nous nous étions donné rendez-vous   tu avais oublié   je l'ai laissé   il n'avait pas prévenu

vous êtes resté   elles avaient commencé   il ne m'avait rien dit   je m'en suis rendu compte

il s'en était aperçu   vous étiez arrivés   on était venu

1. *Ils étaient partis.*   6. ....
2. ....   7. ....
3. ....   8. ....
4. ....   9. ....
5. ....   10. ....

9 Associez.

1. Il a recommencé son travail.
2. Il a été renvoyé.
3. Il a retrouvé sa montre.
4. Il a réparé la chaise.
5. Il a corrigé son erreur.
6. Il a repassé son permis de conduire.
7. Il s'est trompé de rue.
8. Il n'a pas entendu le réveil.

a. Il s'était trompé.
b. Il l'avait raté.
c. Il avait commis une faute professionnelle.
d. Il s'était endormi très tard.
e. Il l'avait perdue.
f. Il l'avait mal fait.
g. Il l'avait cassée.
h. Il n'avait pas regardé sur son plan.

1.	2.	3.	4.	5.	6.	7.	8.
f							

10 Mettez dans l'ordre.

Quand je suis arrivée à la maison...

1. encore / avait / ne / devoirs / Paul / ses / fini / pas
    Paul n'avait pas encore fini ses devoirs.

2. ne / Agathe / complètement / fini / le / avait / pas / repassage
    ....

3. tout / sa / avait / du / chambre / elle / pas / rangé / ne
    ....

4. garçons / mis / ne / pyjama / les / se / pas / en / étaient / encore
    ....

5. étais / encore / ne / te / préparé / tu / pas
    ....

6. taxi / temps / eu / tu / appeler / le / un / avais / ne / pas /de
    ....

7. mais / tu / me / acheté / avais / fleurs / des / moins / au
    ....

11 Mettez au passé composé ou au plus-que-parfait.

Raconter
au passé

L'autre jour, Sophie *n'a pas pu* (1) **(ne pas pouvoir)** rentrer chez elle parce qu'elle
.... (2) **(perdre)** ses clés. Elle .... (3) **(aller)** sonner
chez des voisins chez qui, heureusement, elle .... (4) **(laisser)** un double
de ses clés il y a longtemps. Ils .... (5) **(lui proposer)** d'entrer et, comme
ils .... (6) **(ne pas encore dîner)**, ils .... (7) **(l'inviter)**
à dîner avec eux. Ils .... (8) **(passer)** une soirée très sympathique.

BILAN

1 Soulignez la réponse correcte.

PAUL. – Tiens, **j'ai vu/je voyais/j'avais vu** (1) Félix hier. Je **ne l'ai pas vu/ne l'avais pas vu/ne le voyais pas** (2) depuis trois mois. Je **ne l'avais pas trouvé/ne le trouvais pas/ne l'ai pas trouvé** (3) changé.

MARIO. – Qu'est-ce qu'il devient ?

PAUL. – Il va bien. Il est très heureux avec sa femme Kim. Il **changeait/avait changé/a changé** (4) de travail la semaine dernière.

MARIO. – Encore ! Mais il **a déjà changé/changeait déjà/avait déjà changé** (5), non ?

PAUL. – Oui, parce que son entreprise **a fermé/fermait/avait fermé** (6). Mais cette fois-ci, il **a démissionné/démissionnait/avait démissionné**. (7)

MARIO. – Et il habite toujours au même endroit ?

PAUL. – Non, comme ils **avaient eu/ont eu/avaient** (8) un enfant, l'appartement **était devenu/devenait/est devenu** (9) trop petit, alors ils **déménageaient/ont déménagé/avaient déménagé** (10).

MARIO. – Eh bien, pour du changement, c'est du changement !

2 Conjuguez les verbes au passé.

FÉLIX. – Tiens, on .... (1) **(passer)** le week-end de Noël en Alsace, ce .... (2) **(être)** étonnant !

CHARLOTTE. – Pourquoi ? Qu'est-ce que vous .... (3) **(faire)** ?

FÉLIX. – On .... (4) **(se promener)**, on .... (5) **(visiter)** des villages et on .... (6) **(faire)** des courses sur les marchés de Noël. Et puis on .... (7) **(découvrir)** l'origine du sapin et de la boule de Noël !

CHARLOTTE. – Ah bon !

FÉLIX. – Tu sais qu'au XIVᵉ siècle déjà, les Alsaciens .... (8) **(couper)** et .... (9) **(vendre)** des sapins pour les fêtes de fin d'année. Et à l'époque ils .... (10) **(suspendre)** l'arbre au plafond !

CHARLOTTE. – Comment tu .... (11) **(apprendre)** tout ça ?

FÉLIX. – Nous .... (12) **(aller)** au musée de Sélestat où nous .... (13) **(voir)** des archives. Mais avant, je .... (14) **(discuter)** avec un ami de là-bas et il me .... (15) **(beaucoup parler)** de l'origine des traditions de Noël en Alsace.

CHARLOTTE. – C'est intéressant ! Tu me donnes envie d'y aller en décembre prochain !

FÉLIX. – Eh bien, on va s'organiser un petit séjour en Alsace, c'est promis !

3 **Conjuguez les verbes au passé.**

LE JOURNALISTE. – Hugues Delalande, comment devient-on écrivain ?

H. DELALANDE. – Je .... (1) **(toujours vouloir)** être écrivain.

Je .... (2) **(avoir)** à peine 6 ans quand je .... (3)

(écrire) mes premières lignes, pas des récits complets, juste des mots jetés sur le papier.

D'ailleurs je .... (4) **(écrire)** sur des tickets de rationnement car nous

.... (5) **(être)** en temps de guerre. Et je .... (6)

(demander) à ma mère de coudre les feuilles ! Je .... (7) **(être)** très fier

de mes « livres », et sur la dernière page .... (8) **(figurer)** la liste

des « œuvres » déjà existantes ! Je .... (9) **(prévoir)** une collection

imaginaire qui .... (10) **(s'appeler)** *Les Deux Ours* et qui

.... (11) **(réunir)** mes récits et ceux de mon frère. Vous voyez,

on .... (12) **(avoir)** tous les deux un penchant pour la littérature !

LE JOURNALISTE. – Mais vous seul .... (13) **(devenir)** un écrivain

de talent !

LE FUTUR

➤ Indiquer un programme ➤ Faire des prédictions

 A LE FUTUR PROCHE ET LE FUTUR SIMPLE

UTILISATION	EXEMPLES
Le **futur proche** indique : • une action immédiate • un projet • une mise en garde • un encouragement	Je **vais ouvrir** la fenêtre, on étouffe ici. Qu'est-ce que vous **allez faire** avec votre diplôme ? Attention tu **vas** te **couper** ! Tu **vas** y **arriver**. Essaye encore.
Le **futur simple** indique : • une promesse • un programme • une prévision, une prédiction • un ordre	Je **ne serai plus** en retard, c'est promis. Quand vous **arriverez**, un chauffeur vous **attendra**. Un jour **viendra** où vous **trouverez** le bonheur. Vous ne **sortirez** pas ce soir !

1 **Mettez dans l'ordre.**

1. me / tu / , / oui / écouter / vas / ?
    Tu vas m'écouter, oui ?

2. une / allez / écrire / rédaction / vous
    ....
    ....

3. ou / notes / tout / prenez / vous / des / oublier / allez
    ....
    ....

4. 23 / votre / à / allez / livre / la / vous / page / ouvrir
    ....
    ....

5. je / arrête / me / ou / vais / fâcher
    ....
    ....

6.   Révolution / allons / la / demain / nous / étudier / française

....

7.   dicter / je / lentement / vais

....

8.   deux / ne / répéter / le / pas / vais / fois / je

....

9.   spectacle / allons / Noël / nous / de / préparer / le

....

2 **Conjuguez les verbes au futur simple.**

Faire
des prédictions

Votre horoscope, saison par saison

HIVER. – Vers la mi-février, vous *retrouverez* (1) **(retrouver)** votre vitalité et vous

.... (2) **(obtenir)** une promotion. Début mars, vous

.... (3) **(devoir)** prendre une décision qui vous

.... (4) **(permettre)** de réaliser vos ambitions.

PRINTEMPS. – En mai, vous .... (5) **(se montrer)** un peu trop

autoritaire mais vous .... (6) **(prendre)** des contacts qui vous

.... (7) **(aider)** dans votre travail. Vous

.... (8) **(garder)** une excellente santé tout au long de la saison.

ÉTÉ. – Vous .... (9) **(être)** plein d'énergie et vous

.... (10) **(avoir)** beaucoup de volonté. Vous

.... (11) **(penser)** peut-être vous marier, mais surtout réfléchissez

bien. Début septembre, vos problèmes de santé .... (12)

(réapparaître). Faites de la relaxation pour vous détendre.

AUTOMNE. – En novembre, vous .... (13) **(connaître)** des moments

difficiles mais tout .... (14) **(aller)** mieux en décembre. Là, vous

.... (15) **(déborder)** d'énergie et tout vous

.... (16) **(sembler)** plus facile. Profitez de tous les moments !

3 Complétez avec les verbes au futur simple. _____

séjourner   ~~être~~   y avoir   conduire   retrouver   animer   servir
assister   m'accompagner   attendre   faire   présenter   s'achever   aller

Mesdames et Messieurs, comme vous le savez, monsieur Luigi, le maire de Tolentino,
notre ville jumelle italienne, **sera** (1) avec nous cette année pour célébrer la fête nationale.
Voici le programme que je propose.
Je .... (2) moi-même l'accueillir à l'aéroport la veille. Monsieur Podder, qui parle
parfaitement l'italien, ... (3) pour la traduction. Un dîner nous
.... (4) à l'Hôtel de France où monsieur Luigi et son entourage
.... (5) pendant leur passage chez nous. Le soir, à 23 heures, il
.... (6) le traditionnel feu d'artifice au bord du lac, puis le groupe Force A
.... (7) le bal et .... (8) danser tout le monde
jusqu'à l'aube. Le lendemain matin, nous .... (9) nos invités et nous
.... (10) tous ensemble à la cérémonie d'inauguration de notre statue
Europe. Puis, les enfants nous .... (11) leur spectacle et les élèves de l'école
hôtelière nous .... (12) un pique-nique original. La journée
.... (13) par un discours de monsieur Luigi que je
.... (14) plus tard à l'aéroport. Je pense n'avoir rien oublié. Avez-vous
des commentaires ou des suggestions ?

Le futur

4 **Conjuguez les verbes au futur proche ou au futur simple.**

1. Tu as vu ces gros nuages noirs, je crois qu'il *va pleuvoir* (**pleuvoir**).

2. Mauvais temps prévu pour demain. Il .... (**pleuvoir**) toute la journée.

3. Où est-ce que nous .... (**mettre**) tout ça. Le frigo est plein.

4. Tu .... (**mettre**) ma lettre dans la boîte, si tu sors. Merci.

5. Nous .... (**mourir**) tous un jour, n'est-ce pas ?

6. Sa maladie est trop grave, on ne peut rien faire, il .... (**mourir**).

7. Mesdames et Messieurs, approchez ! Vous .... (**voir**) maintenant une chose extraordinaire !

8. Elle .... (**voir**) mieux après son opération. Je vous l'assure !

9. Je .... (**faire**) tout mon possible, c'est promis.

10. Nous .... (**faire**) une expérience dangereuse. Éloignez-vous un peu.

11. Je crois qu'il .... (**falloir**) que tu te lèves pour donner ta place à cette dame.

12. Il .... (**falloir**) travailler beaucoup si tu veux y arriver.

13. Tu ne .... (**sortir**) pas ce soir, je te l'interdis.

14. Attends-moi, je .... (**sortir**) chercher le courrier, je reviens tout de suite.

5 **Soulignez la réponse correcte.**

Promenade

Jean-Marie, tu es prêt ? On **va sortir/sortira** (1). Mais tu as oublié ta pelle ! Attends-moi ici, je **vais la chercher/la chercherai** (2), je sais où elle est. Allez, on y va. Tu as froid ? Mais ferme donc ta veste ou tu **vas attraper/attraperas** (3) un rhume. Ah ! mais tu **vas arrêter/arrêteras** (4) de marcher dans les flaques d'eau ! Je **me fâcherai/vais me fâcher** (5). Nous voilà arrivés : tu **vas aller/iras** (6) jouer dans le bac à sable et moi je **m'assoirai/vais m'asseoir** (7) sur ce banc à te regarder jouer. Tu **me diras/vas me dire** (8) quand tu **vas en avoir/en auras** (9) assez et alors nous **allons rentrer/rentrerons** (10) à la maison. Vas-y !

6 Conjuguez les verbes au futur proche ou au futur simple.

MESSAGE SUR RÉPONDEUR. – Allô, Michèle, c'est Luc. Tu es toujours d'accord pour le cinéma, ce soir ? Alors, on se retrouve devant le Majestic à 19 heures 30. Je *serai* (1) **(être)** un peu en avance pour être sûr d'avoir des billets, car il .... (2) **(y avoir)** du monde. À ce soir, salut !

MICHÈLE. – Mais où étais-tu ? Ça fait un quart d'heure que je t'attends ! Et regarde cette foule, on .... (3) **(ne jamais pouvoir)** entrer !

LUC. – Excuse-moi. Attends-moi ici. Je .... (4) **(te raconter)** ce qui m'est arrivé plus tard. Je .... (5) **(se débrouiller)**, tu .... (6) **(voir)** !

Voilà, nous avons deux places, entrons vite, le film .... (7) **(commencer)**.

MICHÈLE. – Mais c'est en version originale ! Et sans sous-titres !

Je .... (8) **(ne rien comprendre)**... et nous sommes trop près de l'écran, nous .... (9) **(ne pas bien voir)**.

LUC. – Tu .... (10) **(ne pas nous gâcher)** cette soirée ! Si tu ne comprends pas, je te .... (11) **(expliquer)** tout après le film, devant un bon café. Silence maintenant !

MICHÈLE. – La prochaine fois, tu .... (12) **(aller)** au cinéma sans moi !

B LE FUTUR ANTÉRIEUR

FORMATION	EXEMPLES
Avoir ou **+ participe passé** **Être** (au futur simple)	Je pourrai t'en parler lorsque j'**aurai lu** mon journal. Tu viendras à table quand tu te **seras lavé** les mains.

Attention !
• Le choix de l'auxiliaire et l'accord du participe passé suivent les mêmes règles que pour le passé composé : *Nous vous donnerons notre réponse dès que **nous** nous serons décidé**s**. Ses amis ? Je pourrai t'en parler quand elle mes **les** aura présenté**s**.*
• Le futur antérieur marque une **antériorité** par rapport à une autre action exprimée au futur : *Aussitôt que nous serons arrivés, nous vous téléphonerons.*

7 Soulignez la forme au futur antérieur.

Je tournerai ce film :

1. le jour où l'auteur **aura accepté/avait accepté**,

2. quand on **a adapté/aura adapté** le roman,

3. à partir du moment où nous nous **serons mis/serions mis** d'accord sur le scénario,

4. dès que mon assistant **aura lu/a lu** le script,

5. lorsque j'**avais choisi/aurai choisi** tous les acteurs,

6. dès l'instant où ils **auraient signé/auront signé** leur contrat,

7. lorsque nous **avons décidé/aurons décidé** du lieu du tournage.

8 **Faites des phrases et accordez le participe passé.**

Retour du marché aux Puces

1. Je mettrai cette table basse dans le salon : je vais la cirer.
   Quand je l'aurai cirée, je mettrai cette table basse dans le salon.
2. J'installerai ces chaises sur la terrasse : je vais les repeindre.
   .... j'installerai ces chaises sur la terrasse.
3. Je suspendrai ces poteries dans l'entrée : je vais les nettoyer.
   .... je suspendrai ces poteries dans l'entrée.
4. Cette lampe fera très bien sur la cheminée : je vais la réparer.
   .... cette lampe fera très bien sur la cheminée.
5. J'offrirai ces rideaux à ma mère : je vais les laver.
   .... j'offrirai ces rideaux à ma mère.

9 **Faites des phrases.**

– Mon fils, ton avenir est déjà tracé :

1. finir tes études/trouver un travail
   Quand tu auras fini tes études, tu trouveras un travail.
2. trouver un travail/économiser de l'argent
   Lorsque ....
3. économiser de l'argent/acheter une maison
   Aussitôt que ....
4. acheter une maison/se marier
   Dès que ....
5. se marier/me donner un petit-fils
   Quand ....
6. me donner un petit-fils/...
   Aussitôt que ....

– Je vous arrête, cher père, je ne suis plus un enfant !

BILAN

1 Soulignez la forme correcte.

– Voici les projets d'expansion de notre société : quand nous **aurons organisé/allons organiser** (1)
notre système de ventes en Europe, nous **aurons fait/ferons** (2) une étude de marché
pour le Moyen-Orient.

– Nous **nous serons installés/allons nous installer** (3) au Moyen-Orient ?

– Nous **ferons/aurons fait** (4) tout notre possible pour réussir à y aller.

– Qui **l'aura décidé/va le décider** (5) ?

– Aussitôt que des chiffres sûrs **nous seront parvenus/vont nous parvenir** (6),
j'aurai pris/je prendrai (7) une décision.

– Vous avez déjà une idée de qui vous **enverrez/aurez envoyé** (8) là-bas ?

– Je **vais étudier/étudierai** (9) dès maintenant les différentes possibilités.

– J'espère, comme vous, que nous **aurons réussi/réussirons** (10).

2 Complétez avec les verbes au futur simple ou au futur antérieur.

goûter   s'occuper   manquer   visiter   rentrer   emmener

voir   être   se reposer   montrer   s'habituer   encourager

Chers tous,

Juste un petit mot pour vous dire de ne pas vous inquiéter pour le séjour
de Pauline chez nous, en Espagne, nous .... (1)
d'elle du mieux que nous pourrons. D'abord, nous lui .... (2)
Madrid, ville qu'elle ne connaît pas encore. Quand elle .... (3)
le Palacio Real et le musée du Prado, quand elle .... (4)
les monuments et les endroits les plus intéressants, nous l' .... (5)
dans notre villa sur la Costa del Sol où elle .... (6)
avec nous ; elle l'a bien mérité.

Bien sûr nous l'.. (7) à parler le plus souvent
possible espagnol, ça lui .... (8) utile pour
ses examens futurs.

Une fois qu'elle .... (9) à tous nos plats typiques et
qu'elle .... (10) à la cuisine espagnole, nous sommes
certains que nos spécialités lui .... (11) lorsqu'elle
.... (12) à Paris.

Bisous,

Elena et José

Le futur — Bilan

3 Complétez avec le futur proche, le futur simple ou le futur antérieur.

CLAIRE. – Assieds-toi Mamie, je .... (1) **(te montrer)** les photos de nos vacances.

LA GRAND-MÈRE. – Attends, tu .... (2) **(pouvoir)** commencer dès que je .... (3) **(trouver)** mes lunettes... Où est-ce que je les ai mises ? Ah ! les voilà ! Bon, ça y est, je suis prête.

CLAIRE. – Bon, je .... (4) **(commencer)** par les photos de la famille. Ça, c'est Romane...

LA GRAND-MÈRE. – Oh ! à propos de Romane, quelle heure est-il ? Huit heures déjà ? Elle .... (5) **(téléphoner)** d'une minute à l'autre...

CLAIRE. – Bon, on est là, tout va bien. Alors, donc, c'est Romane en train de plonger.

LA GRAND-MÈRE. – Quand elle .... (6) **(appeler)**, tu .... (7) **(pouvoir)** lui dire de passer me voir plus tard ?

CLAIRE. – Oui, d'accord ! Bon, je continue ?

LA GRAND-MÈRE. – Oui, oui... Tu veux quelque chose à boire ? Je .... (8) **(aller)** faire un café.

CLAIRE. – Je veux bien. Un petit café pour moi aussi. Et après que tu nous le .... (9) **(servir)**, on .... (10) **(décrocher)** le téléphone et on .... (11) **(être)** tranquille pour regarder les photos ! Qu'est-ce que tu as aujourd'hui, Mamie, quelque chose ne va pas ?

LE SUBJONCTIF

➤ Exprimer des sentiments, des jugements, des doutes

➤ Dire à quelqu'un de faire quelque chose ➤ Conseiller

A LA FORMATION DU SUBJONCTIF PRÉSENT ET DU SUBJONCTIF PASSÉ

FORMATION DU SUBJONCTIF PRÉSENT		EXEMPLES
que je finiss**e** **que tu** finiss**es** **qu'il/elle/on** finiss**e** **qu'ils/elles** finiss**ent**	Le radical est celui du présent à la troisième personne du pluriel (ils **finiss**ent).	J'aimerais que tu vienn**es** ce soir. Je préfère qu'on prenn**e** la voiture. Vous préférez qu'ils lis**ent** le document tout de suite.
que nous finiss**ions** **que vous** finiss**iez**	**Nous** et **vous** ont les formes de l'imparfait.	Il veut bien que nous sort**ions** ce soir. J'attends que vous me répond**iez**.

Attention !
• Aux auxiliaires : **avoir** (que j'aie, que tu aies, qu'il ait, que nous ayons, que vous ayez, qu'ils aient) et **être** (que je sois, que tu sois, qu'il soit, que vous soyons, que vous soyez, qu'ils soient).
• Aux verbes irréguliers : **aller** (que j'aille), **faire** (que je fasse), **pouvoir** (que je puisse), **savoir** (que je sache), **vouloir** (que je veuille).

---

1 Complétez le tableau.

Infinitif	Indicatif présent	Subjonctif présent
1. revenir	ils **reviennent**	que tu ....
2. comprendre	ils	qu'ils ....
3. lire	ils	que je ....
4. suivre	ils	qu'on ....
5. dormir	ils	qu'elles ....
6. partir	ils	que tu ....
7. recevoir	ils	qu'elle ....
8. peindre	ils	que je ....
9. grandir	ils	qu'il ....
10. appeler	ils	que tu ....

2 Soulignez les deux formes qui sont au subjonctif et donnez l'infinitif.

1. répondons – <u>réponde</u> – <u>répondiez</u> : *répondre*
2. ai – aie – ait : ....
3. pouvions – puissions – puisse : ....
4. veuillez – veuille – vouliez : ....
5. sache – savent – sachions : ....
6. sois – sont – soient : ....
7. aille – allions – allons : ....
8. fassiez – faisions – fassent : ....

FORMATION DU SUBJONCTIF PASSÉ		EXEMPLES
Avoir ou **Être** (au subjonctif présent)	**+ participe passé**	J'attends que vous **ayez fini** ce travail. Il regrette que nous ne **soyons** pas **revenus** avant son départ. Il est possible qu'ils se **soient rencontrés** chez des amis.

Attention !
Le choix de l'auxiliaire et l'accord du participe passé suivent les mêmes règles que pour le passé composé et les temps composés : *J'attends qu'ils soient tous sortis. Ses amis ? C'est dommage qu'il ne vous **les** ait pas présentés.*

3 Complétez le tableau.

	Forme affirmative	Forme négative
1. entrer	qu'il *soit entré*	*qu'il ne soit pas entré*
2. partir	qu'ils	....
3. prévenir	que nous	....
4. se souvenir	qu'elles	....
5. rejoindre	que vous	....
6. peindre	que je	....
7. se promener	qu'elles	....
8. prendre	que tu	....

4 **Mettez dans l'ordre.**

1. intervenu / sa / je / que / soyez / heureuse / faveur / suis / en / vous
   Je suis heureuse que vous soyez intervenu en sa faveur.

2. rendez-vous / sommes / ce / aies / tu / nous / que / désolés / manqué
   ....

3. propos / vous / que / regrette / aient / mes / je / blessé
   ....

4. bon / ayez / que / je / document / ne / suis / reçu / navrée / vous / pas / le
   ....

5. stupide / dossier / est / je / sois / me / de / que / ce / trompé
   ....

6. que / son / fâchée / tu / ne / invitation / elle / répondu / est / pas / à /aies
   ....

B L'UTILISATION DU SUBJONCTIF

UTILISATION	EXEMPLES
Le subjonctif s'utilise pour exprimer : • un sentiment (regret, joie, peur, tristesse...)	**Je suis content que** tu nous aies donné de tes nouvelles **mais déçu** que tu ne puisses pas venir.
• une nécessité, une volonté, un ordre, une interdiction	**Il est temps que** nous partions parce que monsieur Lambert **exige que** nous arrivions à l'heure **et que** nous nous mettions immédiatement au travail.
• un souhait, un désir, un conseil	**J'aimerais que** vous me répondiez le plus vite possible.
• un jugement moral, une appréciation	Je trouve **scandaleux que** Paul lui ait répondu d'une manière aussi irrespectueuse.
• une possibilité	**Il est possible que** Jules ait réussi à se libérer.

Attention !
• Le verbe *espérer* est suivi de l'indicatif : *J'espère qu'il **a pu** arriver à temps à la gare.*
• Le subjonctif passé ne s'utilise que quand il exprime une action **antérieure** à l'action principale : *Je suis heureux que vous **ayez pu** vous libérer.*
• Quand le sujet parle de lui-même, on utilise l'infinitif : *Je suis content **de venir**.*

5 **Transformez avec le subjonctif ou l'infinitif.**

Au cinéma

1. Les gens parlent pendant le film ; je déteste ça.

    Je déteste que les gens parlent pendant le film.

2. Je ris et je pleure ; j'adore ça.

    ....

3. Je suis assise au premier rang ; j'aime bien.

    ....

4. Des gens me font changer de place pour s'asseoir ; j'ai horreur de ça.

    ....

5. Les gens ne sont pas à l'heure ; ça m'énerve.

    ....

6. Je mange des pop-corn avec les enfants ; je suis ravie.

    ....

7. Je vois un bon film ; je suis toujours heureuse.

    ....

6 **Soulignez les structures qui demandent le subjonctif
et conjuguez les verbes au subjonctif présent.**

Alors, pour le film que nous allons tourner ensemble, votre contrat **demande que** vous *soyez* (1)
(être) totalement disponibles pendant la durée du tournage, que vous .... (2)
(accepter) tout ce que l'on attend de vous et que vous .... (3) **(pouvoir)**
vous adapter à toute modification. Le contrat interdit que vous .... (4) **(prendre)**
ou .... (5) **(perdre)** des kilos et que vous .... (6) **(changer)**
la couleur de vos cheveux.

Moi, en tant que réalisateur, je veux que vous .... (7) **(être)** tous en costume
sur le plateau à 8 heures précises et que vous .... (8) **(connaître)** parfaitement
votre texte.
J'exige également que vous .... (9) **(obéir)** à mes instructions et que
vous .... (10) **(faire)** preuve de coopération.
Et, maintenant, tous en place !

Exprimer
des jugements

7 **Soulignez les structures qui demandent le subjonctif
et conjuguez les verbes au subjonctif présent.**

Quelle éducation !

MME FERNANDEZ. – Regardez, **vous trouvez ça normal qu'**une mère ne *dise* (1) **(dire)** rien
à son enfant qui met les pieds sur les sièges ?

MME DOUCET. – Moi, je trouve inadmissible qu'on .... (2) **(pouvoir)** accepter ça !

MME ZIRI. – Vous avez raison, et en plus, c'est grave que personne ne .... (3) **(faire)**
rien. Pour moi, il est important que les enfants .... (4) **(apprendre)** à se tenir
correctement !

MME FERNANDEZ. – Vous avez tout à fait raison. Il est bon que les enfants, surtout petits,
.... (5) **(savoir)** qu'il y a des règles et qu'ils .... (6) **(être)** punis
de temps en temps !

MME ZIRI. – Ah ! c'est vrai. Il est temps que nous, les adultes, nous .... (7)
(prendre) nos responsabilités et que nous .... (8) **(revenir)** aux vieux principes !

Conseiller

8 **Soulignez les structures qui demandent le subjonctif
et conjuguez les verbes au subjonctif présent.**

DAVID ET ANNAH. – Mamie, comment est-ce qu'on peut annoncer à Papa et Maman qu'on ne
veut pas aller au ski avec eux, à Noël ?

LA GRAND-MÈRE. – **Il vaudrait mieux que** vous le leur *annonciez* (1) **(annoncer)** rapidement
mais que vous le .... (2) **(faire)** avec diplomatie, sinon...

DAVID ET ANNAH. – C'est bien ça notre problème !

LA GRAND-MÈRE. – Écoutez, il serait plus prudent que vous leur .... (3)
(parler) séparément. Toi, Annah, il faudrait que tu .... (4) **(pouvoir)**
en parler avec ta mère et toi, David, que tu le .... (5) **(dire)** à ton père
et tu sais comment le faire. Et puis, comme vous me dites que vous avez bien travaillé, ce serait
préférable que vous leur .... (6) **(montrer)** vos notes d'abord et
qu'ensuite, vous .... (7) **(discuter)** de vos projets de vacances.
Et de mon côté, il serait bon que je .... (8) **(aller)** les voir et que
je .... (9) **(essayer)** de les persuader.

DAVID ET ANNAH. – Oh ! merci Mamie.

9 **Transformez avec les verbes au subjonctif présent ou passé.**

Dire à quelqu'un de faire quelque chose

Pour réussir un entretien d'embauche, il faut :

1. être calme et détendu
2. bien réfléchir
3. connaître son sujet à fond
4. s'être couché tôt
5. avoir bien dormi
6. avoir préparé des questions
7. répondre clairement
8. avoir une bonne présentation

Écoutez, si vous voulez réussir votre entretien, ce n'est pas compliqué, il faut que **vous soyez calme et détendu** (1), que .... (2) et que .... (3). Il est bon aussi que .... (4) et que .... (5) pour arriver en pleine forme à votre entretien. D'autre part, il est nécessaire que .... (6) pour montrer votre intérêt, et que .... (7) à celles qui vous seront posées. Bien sûr, il est absolument indispensable que vous .... (8).

10 **Soulignez les structures qui demandent le subjonctif et conjuguez les verbes au subjonctif présent ou passé.**

BRUNO. – Huit heures, <u>c'est bizarre qu'</u>ils *ne soient pas* (1) **(ne pas être)** là !

ANISSA. – Oui, s'ils ont eu un contretemps, c'est curieux qu'ils .... (2) **(ne pas avoir appelé)** : ils ont notre numéro de téléphone portable.

BRUNO. – Ah bon ? L'ancien, oui, mais je ne suis pas sûre que tu leur .... (3) **(avoir donné)** le nouveau. Il faudrait peut-être qu'on .... (4) **(essayer)** de les joindre : je n'ai pas envie qu'on les .... (5) **(attendre)** pendant des heures !

ANISSA. – Un peu de patience ! Tu sais, il est possible qu'ils .... (6) **(être déjà parti)** et qu'on les .... (7) **(voir)** arriver d'une minute à l'autre.

BRUNO. – Ce n'est quand même pas normal. Tu ne veux vraiment pas que je leur .... (8) **(téléphoner)** ? J'en ai assez qu'on .... (9) **(perdre)** notre temps à attendre des gens qui ne viendront pas !

ANISSA. – Il y a peut-être une raison toute simple : si c'est toi qui leur as expliqué l'itinéraire, excuse-moi, mais je ne suis pas certaine qu'ils .... (10) **(avoir compris)** tes explications !

BRUNO. – Allez, arrête ! Tiens, regarde, les voilà !

C L'OPINION : SUBJONCTIF OU INDICATIF ?

UTILISATION	EXEMPLES
L'opinion exprimée à la forme affirmative marque une certitude : **indicatif**.	Je **suis certain qu'**il fera beau. Je **crois qu'**il va pleuvoir.
L'opinion exprimée à la forme négative marque un doute : **subjonctif**.	Je **ne suis pas certaine qu'**il fasse très chaud. Je **ne pense pas qu'**il ait plu.

11 Soulignez la forme qui convient.

1. Je suis sûr qu'on **trouvera/trouve** bientôt un vaccin mais je ne suis pas certain qu'il **soit/est** commercialisé tout de suite.

2. Je pense qu'elle **n'ait pas consulté/n'a pas consulté** assez tôt.

3. Il est évident qu'on **va découvrir/découvre** un médicament dans le futur mais je doute qu'on **puisse/peut** l'utiliser rapidement.

4. Je suis persuadée qu'elle **va guérir/guérisse** très vite.

5. Je ne crois pas qu'elle **soit/est** gravement malade, je suis convaincue qu'elle **va sortir/sorte** vite de l'hôpital.

6. Je doute qu'ils **ont été/aient été** bien soignés.

7. Je suis sûre et certaine que cette maladie **n'est/ne soit** pas grave.

12 Transformez les phrases comme dans l'exemple.

> Exprimer des doutes

Tu es d'accord ?

1. – Je crois qu'ils vont gagner le relais.
   – Moi, *je ne crois pas qu'ils gagnent.*

2. – Je pense que c'est le meilleur de tous.
   – Moi, ...

3. – Je crois que, dans cette épreuve, il a marqué des points.
   – Moi, ...

4. – Je suis sûr qu'ils vont être en tête du classement.
   – Moi, ...

5. – Je crois qu'ils ont perdu.
   – Moi, ...

6. – Je pense qu'ils vont faire match nul.
   – Moi, ...

13 Répondez aux questions avec le subjonctif passé et un pronom.
(Attention à l'accord du participe passé.)

On ne peut pas compter sur les autres !

1. – Tu crois qu'il a pris le pain ?

   – Oh ! non, je ne crois pas qu'*il l'ait pris* !

2. – Elle a laissé un message d'après toi ?

   – Ça m'étonnerait, je ne pense pas qu'.. .

3. – Tu crois qu'ils se sont souvenus du rendez-vous ?

   – Les connaissant, je ne suis pas sûr qu'.. .

4. – Il a acheté sa carte orange, tu crois ?

   – Étourdi comme il est, je ne crois pas qu'.. .

5. – Elles sont allées chez le dentiste, tu penses ?

   – Comme j'ai oublié de le leur rappeler, je ne pense pas qu'................................ .

6. – D'après toi, ils sont passés à la banque ?

   – Tu les connais, je ne suis pas du tout sûr qu'.. .

BILAN

1 **Transformez les phrases.**

Quel cadeau offrir à Mathieu ?

– Alors, qu'est-ce qu'on lui offre pour son anniversaire ? une trottinette ?

– **(c'est une bonne idée – je ne crois pas)**

.... (1)

En plus, **(il sait en faire – je ne suis pas sûr)**

.... (2)

– Alors, un jeu vidéo ?

– **(ça l'intéressera – je ne pense pas)**

.... (3),

(il le revendra tout de suite – il est possible)

.... (4)

– On lui achète un scooter ?

– Tu es fou ! **(on ne le verra plus souvent à la maison – j'ai peur)**

.... (5)

et surtout **(il ne fera pas ses devoirs – je crains)**

.... (6)

– J'ai une idée : un téléphone portable.

– S'il paye les communications, oui. Parce que **(il va passer ses soirées au téléphone –
je ne veux pas)**

.... (7)

– Tu as raison. **(on lui offrira autre chose – il vaut mieux)**

.... (8)

– Écoute, on va voir avec sa sœur. Peut-être qu'elle sait mieux que nous ce qu'il veut !

2 **Conjuguez les verbes au subjonctif présent ou à l'indicatif présent.**

Micro-trottoir

LE JOURNALISTE. – Madame, s'il vous plaît, l'ouverture des magasins le dimanche, vous êtes
pour ?

UNE FEMME. – Bien sûr, il faut que les magasins .... (1) **(être)**
ouverts le dimanche et qu'on .... (2) **(pouvoir)** faire ses courses,
tranquillement, quand on ne travaille pas. Je suis sûre que beaucoup de gens
.... (3) **(être)** d'accord avec moi. Mais vous savez, j'ai bien peur
que ça ne .... (4) **(se faire)** jamais.

LE JOURNALISTE. – Et vous, Monsieur ?

UN HOMME. – Je trouve scandaleux qu'on .... (5) **(vouloir)** ouvrir
le dimanche ! Déjà, je ne trouve pas normal que certains .... (6) **(aller)**
travailler le samedi, alors le dimanche ! Et puis, il est évident que les gens
.... (7) **(avoir)** besoin de repos et je crois que c'est bon pour les
entreprises parce que je suis sûr que nous .... (8) **(travailler)** mieux
et que nous .... (9) **(produire)** plus quand nous avons suffisamment
de loisirs. Je veux que nous .... (10) **(garder)** le dimanche comme jour
de repos. Je dis qu'on .... (11) **(ne pas devoir)** y toucher.

3 Conjuguez les verbes à la forme qui convient.

Ma chère Virginie,

J'espère que tu .... (1) **(aller)** bien.

Moi, j'ai vraiment un problème et je serais heureuse que tu me

.... (2) **(dire)** ce que tu en penses. Il faut que

je te .... (3) **(parler)** de Paul. Je suis triste qu'il

.... (4) **(être)** si distant. Il est tout à fait possible

que, pour lui, nous .... (5) **(être devenu)**

un « vieux couple » et il lui semble peut-être inutile que nous

.... (6) **(avoir)** l'un pour l'autre des gestes tendres.

Mais, moi, je voudrais qu'il .... (7) **(se comporter)**

différemment, qu'il .... (8) **(agir)** plus clairement.

Je ne sais pas ce que je dois faire, il faudrait peut-être que nous

.... (9) **(se séparer)** quelque temps. J'aimerais que

tu ? J'espère que tu ne m'en .... (10) **(venir)** de lui. Qu'en penses-

(vouloir) pas trop de te raconter mes petits problèmes mais je ne sais pas

à qui m'adresser. Que faut-il que je .... (12)

(faire) ? Je voudrais vraiment que tout .... (13)

(redevenir) très vite comme avant !

J'attends de tes nouvelles. Je souhaite que tout

.... (14) **(s'arranger)** très vite.

Embrasse tout le monde autour de toi. Affectueusement.

Yolande

LE CONDITIONNEL

➤ Formuler une proposition, une demande polie ➤ Conseiller

➤ Exprimer un reproche, un regret ➤ Dire qu'un fait n'est pas certain

A — LA FORMATION DU CONDITIONNEL PRÉSENT ET DU CONDITIONNEL PASSÉ

FORMATION DU CONDITIONNEL PRÉSENT		EXEMPLES
radical du futur +	-ais -ais -ait -ions -iez -aient	Je ne fer**ais** pas comme toi. Tu verr**ais** mieux. Il/Elle/On pourr**ait** le faire. Nous ne saur**ions** pas tout. Est-ce que vous aur**iez** plus d'argent ? Ils/Elles enverr**aient** des nouvelles.

1 Associez.

1. Je
2. J'
3. Il
4. Nous
5. Elles
6. Vous
7. Tu
8. Ils
9. On
10. Elle

a. courraient
b. m'exercerais
c. sauterions
d. lanceriez
e. rattraperions
f. escaladerais
g. joueraient
h. perdrais
i. glisserait
j. nageriez
k. s'entraînerait
l. gagnerait

1.	2.	3.	4.	5.	6.	7.	8.	9.	10.
b – h									

2 Soulignez le verbe au conditionnel présent.

1. J'**arriverai** – Je **partirais**.
2. Il **entrerait** – Il **sortait**.
3. Ils **se levaient** – Ils **se coucheraient**.
4. Nous **montions** – Nous **descendrions**.
5. Tu **avanceras** – Tu **reculerais**.

6. Vous **sauriez** – Vous **ignoriez**.
7. Elle **se mariait** – Elle **divorcerait**.
8. J'**accélérerai** – Je **ralentirais**.
9. Vous **allumerez** – Vous **éteindriez**.
10. Tu **te souviendras** – Tu **oublierais**.

3 Retrouvez les verbes au conditionnel présent et complétez avec le pronom sujet.

~~dessinerait~~   prenions   coudrions   colleriez   appuieront   jardineriez
montrions   sculpterais   présenteras   peindraient   serai   tricoterait   passaient
tisserions   verrons   photographieriez   couriez   broderaient

1. *Il/Elle/On dessinerait.*
2. ....
3. ....
4. ....
5. ....

6. ....
7. ....
8. ....
9. ....
10. ....

FORMATION DU CONDITIONNEL PASSÉ		EXEMPLES
Avoir ou **Être** (au conditionnel présent)	**+ participe passé**	**J'aurais couru.** Il ne **serait** pas **tombé.** Vous **seriez**-vous **blessé** ?

Attention !
Le choix de l'auxiliaire et l'accord du participe passé suivent les mêmes règles que pour le passé composé et les temps composés. ***Elle** serait arrivé**e** hier. Cette femme, je **l'**aurais reconnu**e**, c'est probable.*

4 Soulignez les verbes au conditionnel passé.

1. Il **<u>aurait dit</u>** oui. – Il **avait dit** oui.
2. Ils **ne s'étaient pas trompés.** – Ils **ne se seraient pas trompés.**
3. Vous **aviez menti.** – Vous **auriez menti.**
4. Nous **nous étions disputés.** – Nous **nous serions disputés.**
5. Tu **t'étais tu.** – Tu **te serais tu.**
6. J'**aurais protesté.** – J'**aurai protesté.**
7. Elle **n'avait rien compris.** – Elle **n'aurait rien compris.**
8. On **ne sera pas arrivé** à un compromis. – On **ne serait pas arrivé** à un compromis.

5 Conjuguez les verbes au conditionnel passé.

1. ne pas se réveiller : Ils *ne se seraient pas réveillés.*
2. dormir : Nous ....
3. ne pas manger : Tu ....
4. boire : On ....

5. ne pas sortir : Elle ....

6. rester : Vous ....

7. ne pas se raser : Il ....

8. partir : Je ....

B L'UTILISATION DU CONDITIONNEL

CONDITIONNEL PRÉSENT	EXEMPLES
Faire une suggestion	Tu n'**aimerais** pas regarder une vidéo ? **Ça** te (vous) **dirait** d'aller prendre un verre ? **Ça** te (vous) **plairait** de venir ?
Donner un conseil	Tu **devrais**/Tu **pourrais** lui parler. À votre (ta) place, je lui **parlerais** tout de suite. Si j'étais toi (vous), je n'**accepterais** pas.

6 **Mettez dans l'ordre.**

Formuler une proposition

1. boire / café / te / un / dirait / ça / de / ?   ***Ça te dirait de boire un café ?***

2. la / ne / plairait / nous / vous / ça / soirée / pas / de / avec / passer / ?

   ....

3. ne / opéra / aimeriez / à / aller / pas / vous / le / ?

   ....

4. te / inviter / ça / de / quelques / plairait / copains / ?

   ....

5. vous / ça / en / partir / dirait / de / week-end / ?

   ....

6. un / voudrais / ne / tu / voyage / faire / pas / petit / ?

   ....

7 **Faites des phrases.**

Conseiller

1. – J'ai des insomnies. (**à votre place / faire du yoga**) – *À votre place, je ferais du yoga.*

2. – J'ai souvent des migraines. (**si j'étais vous / arrêter de fumer**)

   – ....

3. – Je prends du poids. (**pouvoir / faire un régime sans sucre / tu**)

   – ....

4. – Je me trouve laide. (**devoir / sourire plus souvent / tu**)

   – ....

5. – Je ne sais pas m'exprimer en public. (**si j'étais vous / prendre des cours**)

   – ....

6. – Je me sens seule. (**devoir / partir en voyage organisé / vous**)

   – ....

7. – Je m'ennuie au travail. (**à votre place / démissionner**)

   – ....

8. – Je suis souvent déprimée. (**si j'étais toi / sortir et voir du monde**)

   – ....

8 **Complétez.**

Conseiller

Chère Stéphanie,
Merci pour ta lettre mais je suis désolée d'apprendre que tu as été licenciée.
Quelques petits conseils puisque je suis passée par là, moi aussi. **Tu devrais réagir** (1)
(devoir/réagir) *dès maintenant.* .... (2)
(À ta place/ne pas perdre) *de temps.* .... (3)
(Si j'étais toi/s'inscrire) *tout de suite dans une agence pour l'emploi et puis,*
.... (4) **(se lever)** *tous les matins très tôt pour acheter le*
journal, ... (5) **(lire)** *toutes les petites annonces. Autre chose*
aussi : .... (6) **(devoir/en parler)** *avec les gens autour de toi.*
Et .... (7) **(pouvoir/se connecter)**
sur Internet, il y a beaucoup d'offres d'emploi. .... (8)
(À ta place/ne pas hésiter) *à contacter un maximum d'entreprises. Et tu sais,*
.... (9) **(devoir/prendre)** *ce licenciement comme une occasion*
de tout changer.
Bon courage. Bises.

Sonia

Le conditionnel

CONDITIONNEL PASSÉ	EXEMPLES
Exprimer un reproche	Vous **auriez pu**/Vous **auriez dû** nous informer. À votre (ta) place, je lui **aurais parlé**. Si j'avais été toi (vous), je n'**aurais** rien **dit**.
Exprimer un regret	J'**aurais dû** faire autrement. Nous **aurions pu** y aller. Si j'avais su (pu), je **serais venu**.

9 **Complétez.**

Exprimer un reproche, un regret

– Je t'ai attendu presque une heure, hier ! Qu'est-ce que tu as fait ?

– Excuse-moi, j'*aurais dû* (1) **(devoir)** te prévenir.

– Oui, tu .... (2) **(pouvoir)** téléphoner quand même !

– Je suis impardonnable ! C'est vrai, à ta place, moi, je .... (3) **(ne pas attendre)** si longtemps.

– Si j'avais su, je .... (4) **(ne pas lui parler)** si durement !

– Oui, tu as été un peu brutal ! À ta place, je .... (5) **(ne pas se mettre)** en colère, elle est encore jeune, elle ne peut pas comprendre !

– Tu sais, il .... (6) **(devoir)** s'y prendre plus tôt s'il voulait avoir une place pour le concert !

– Oui, et si j'avais été lui, je .... (7) **(prendre)** mes réservations un mois à l'avance et je .... (8) **(ne pas chercher)** à avoir les places les moins chères.

CONDITIONNEL PRÉSENT ET CONDITIONNEL PASSÉ	EXEMPLES
Exprimer une demande atténuée	Tu **pourrais** faire un peu moins de bruit ? Vous n'**auriez** pas **vu** un petit chien blanc ?
Donner une information incertaine	Céline et Robert **seraient** à Rome où ils **se seraient mariés** dans la plus grande intimité.

10 **Transformez.**

1. Je peux vous poser une question ?
   Je pourrais vous poser une question ?
2. Connaissez-vous le Café de la Gare ?
   .... le Café de la Gare ?
3. Savez-vous où se trouve l'entrée du métro ?
   .... où se trouve l'entrée
   du métro ?
4. Pouvez-vous m'indiquer le cinéma Cinévox ?
   .... m'indiquer le cinéma
   Cinévox ?
5. Vous avez l'heure ?
   .... l'heure ?
6. Avez-vous vu ce qui s'est passé ?
   .... ce qui s'est passé ?
7. Est-il possible de stationner ici ?
   ....
   possible de stationner ici ?

11 **Dites si l'information est certaine ou non. Cochez.**

	Ce n'est pas certain	C'est certain
1. Une avalanche a détruit plusieurs chalets.	☐	☒
2. Il y aurait une dizaine de victimes.	☐	☐
3. Le radoucissement serait à l'origine de la catastrophe.	☐	☐
4. Des vacanciers ont donné l'alerte.	☐	☐
5. Les secours sont arrivés très vite sur place.	☐	☐
6. Les responsables auraient signalé le danger dès hier.	☐	☐
7. Les chalets se trouvaient sur une zone à risques.	☐	☐
8. Les permis de construire auraient été accordés trop vite.	☐	☐
9. Il s'agirait donc d'un scandale immobilier.	☐	☐
10. Une enquête a été ouverte.	☐	☐

Le conditionnel — Bilan

12 **Conjuguez les verbes au conditionnel présent ou passé.**

*Dire qu'un fait
n'est pas certa…*

Flash d'information

Nous venons d'apprendre la disparition de Laure Réal. Elle ***aurait quitté*** (1) **(quitter)**

précipitamment son domicile le week-end dernier. Elle .... (2)

(se rendre) directement à l'aéroport de Roissy où elle .... (3) **(prendre)**

un avion pour Montréal. Elle .... (4) **(voyager)** sous une fausse identité.

Pourquoi cette fuite ? D'après l'entourage de la jeune femme, celle-ci .... (5)

(vivre) une période très difficile. Elle .... (6) **(apprendre)** dernièrement

le retour à Paris de sa rivale, Anne Oret, et .... (7) **(ne pas supporter)**

cette menace pour sa carrière. Laure .... (8) **(être)** donc maintenant avec

son ami, René Gat. Nous espérons pouvoir vous donner des nouvelles de Laure très bientôt.

BILAN

1 **Soulignez la forme correcte.**

CLIENT. – Bonjour, monsieur, **j'aurais voulu/j'avais voulu** (1) un aller-retour Nice Paris,

s'il vous plaît.

EMPLOYÉ. – Oui, **ce serait/c'était** (2) pour quelle date ?

CLIENT. – J'**aimais/aurais aimé** (3) partir demain : c'est possible ?

EMPLOYÉ. – Ah non ! monsieur, il **faudrait/aurait fallu** (4) vous y prendre beaucoup plus tôt.

Pour un départ demain, vous **devriez/auriez dû** (5) réserver il y a au moins quinze jours.

CLIENT. – Vous ne **pouviez/pourriez** (6) vraiment pas me trouver une place ?

EMPLOYÉ. – J'**aurais bien aimé/aimais bien** (7), vous savez, mais c'est complet, complet. Oh !

attendez, j'ai une idée, il y **aurait eu/aurait** (8) peut-être une solution, il se **pouvait/pourrait** (9)

qu'il y ait de la place sur un autre vol. Oui, c'est ça ! Écoutez, **je pourrais/j'aurais pu** (10)

vous proposer une place, mais il **fallait/faudrait** (11) que vous passiez par Bruxelles :

ça vous **aurait dit/dirait** (12) ?

CLIENT. – J'**aurais préféré/avais préféré** (13) un vol direct mais bon, d'accord...

EMPLOYÉ. – Alors on y va, je vous fais le billet.

Le conditionnel — Bilan

2 Conjuguez les verbes au conditionnel présent ou passé.

VINCENT. – Je .... (1) (**aimer**) que tu me dises comment tu as trouvé ma conférence. Et pas de cadeau ! Je .... (2) (**vouloir**) que tu sois direct, alors vas-y !

RENÉ. – Dans l'ensemble, ce n'était pas mal. Évidemment, tu .... (3) (**pouvoir**) montrer plus de diapositives et peut-être que tu .... (4) (**devoir**) ajouter de la musique mais bon, ce sera pour la prochaine fois. En tout cas, si j'avais été toi, c'est ce que je .... (5) (**faire**).

VINCENT. – Tu as raison. Je .... (6) (**pouvoir**) y penser ! C'est vrai qu'il .... (7) (**falloir**) un peu de musique, ce n'était pas assez vivant.

RENÉ. – Et puis, quand tu parles, tu .... (8) (**devoir**) marquer des pauses, il .... (9) (**falloir**) que tu laisses respirer ton auditoire, tu vois ?

VINCENT. – Je n'ai pas voulu être trop long, c'est pour ça, mais c'est vrai, je .... (10) (**devoir**) aller plus lentement, j'avais le temps.

RENÉ. – Écoute, j'ai une idée, ça te .... (11) (**faire**) plaisir qu'on prépare ta prochaine conférence ensemble ? Tu en .... (12) (**avoir**) envie ?

VINCENT. – Ah oui ! Je .... (13) (**vouloir**) bien, d'accord.

3 Conjuguez les verbes au conditionnel présent ou passé.

HENRI. – Chérie, ça .... (1) (**ne pas te dire**) d'aller au ski à Pâques ? On .... (2) (**pouvoir**) louer un chalet quelque part !

ÉLISABETH. – Tu plaisantes ! Tu as écouté la radio ? Une avalanche .... (3) (**s'abattre**) sur un village, on .... (4) (**compter**) des dizaines de victimes. Et toi, tu .... (5) (**vouloir**) aller à la montagne, tu es fou !

HENRI. – Tu .... (6) (**ne pas aimer**) partir en croisière, alors ?

ÉLISABETH. – Mais tu as de ces idées ! Tu as écouté les nouvelles ? Un paquebot .... (7) (**disparaître**) dans le Triangle des Bermudes, des recherches .... (8) (**être**) en cours, il y .... (9) (**avoir**) plus de deux mille personnes à bord. Et toi, tu .... (10) (**vouloir**) prendre un bateau !

HENRI. – Ce que tu es peureuse ! Tu n'es pas comme mon copain Philippe ! Quand je pense que je .... (11) (**pouvoir**) partir avec lui ! Franchement, je .... (12) (**devoir**) !

ÉLISABETH. – Il n'est pas trop tard ! À ta place, je lui .... (13) (**téléphoner**) et je le lui .... (14) (**proposer**) : c'est peut-être encore possible !

LE PASSIF

➤ Indiquer un programme ➤ Dire ce qui s'est passé ➤ Informer sur les choses

LA FORME PASSIVE

FORME ACTIVE	FORME PASSIVE
Le sujet fait l'action.	Le sujet subit l'action. Formation : auxiliaire **être** + **participe passé**
Le gardien ouvre le musée à 10 heures.	Le musée **est ouvert par** le gardien à 10 heures.
Qui a construit ce château ?	Par qui **a été construit** ce château ?
On va rénover cette maison.	Cette maison **va être rénovée**.

Attention !
• Le complément d'objet de la phrase active devient sujet de la phrase passive : *Le directeur a convoqué* **les employés**. **Les employés** *ont été convoqués par le directeur.*
• Les verbes qui ne peuvent pas avoir de complément d'objet direct, n'ont pas de forme passive.
• La forme passive peut être suivie de la préposition **par**. *L'immeuble a été détruit* **par** *une explosion.*
• Le participe passé s'accorde avec le sujet du verbe.

1 Dites si le verbe est à la forme passive ou active. Cochez.

	Forme passive	Forme active
1. Il est arrivé à 20 heures.	☐	☒
2. Nous sommes prévenus.	☐	☐
3. Ils ne sont pas accompagnés.	☐	☐
4. Vous êtes partis à quelle heure ?	☐	☐
5. J'étais sorti.	☐	☐
6. Elle va être attendue à l'entrée.	☐	☐
7. Elles sont déjà informées.	☐	☐
8. Tu seras probablement rentré.	☐	☐

2 Associez.

1. Je
2. J'
3. Nous
4. Elles
5. Vous
6. Tu
7. Ils
8. On
9. Elle

a. est embauchée.
b. vais être licencié.
c. avaient été récompensées.
d. n'es pas renvoyé.
e. venons d'être augmentés.
f. n'a pas été muté.
g. serez engagés.
h. ai été mis à la porte.
i. avez été félicités.
j. n'auraient pas été acceptés.

1	2	3	4	5	6	7	8	9
b								

3 Accordez les participes passés.

1. La résidence a été entièrement refait*e*.
2. Les fenêtres seront remplacé..... .
3. La cave devra être débarrassé..... de toutes
   les vieilleries inutiles.
4. La cage d'escalier n'a pas encore été
   repeint..... .
5. Les escaliers ont dû être recouvert.....
   d'un tapis.
6. Les locataires vont être obligé..... d'utiliser
   un digicode pour entrer dans l'immeuble.
7. La famille Grignon sera relogé.....
   provisoirement.
8. Vous, monsieur et madame Ayache,
   vous avez été dérangé..... par les travaux ?
9. Certains appartements seront mis.....
   en vente prochainement.

Le passif

4 **Mettez dans l'ordre.**

1. vient / président / élu / notre / être / nouveau / de

   Notre nouveau président vient d'être élu.

2. ses / applaudi / été / candidat / le / par / avait / très / partisans

   ....

3. être / la / parlement / va / au / loi / votée

   ....

4. aube / jusqu'à / ont / retenus / les / la / été / députés.

   ....

5. est / menti / le / de / ministre / soupçonné / premier / avoir

   ....

6. réunion / exceptionnellement / ministérielle / demain / sera / convoquée / une

   ....

5 **Conjuguez les verbes à la forme passive.**

Indiquer
un programme

Mesdames et Messieurs, voici le programme de votre voyage.

À votre arrivée à Cannes, vous *serez accueillis* (1) **(accueillir)** par le responsable,

monsieur Lagane. Vous .... (2) **(conduire)** à votre hôtel où vous

.... (3) **(inviter)** à un cocktail suivi d'un dîner avec tous les participants.

Le lendemain, vous .... (4) **(attendre)** à 8 heures pour la présentation

du séminaire suivie de sessions de travail. Dans la soirée, vous .... (5)

(convier) à un spectacle exceptionnel de magie à Monaco. Toute la journée du lendemain

.... (6) **(consacrer)** à des débats. Les participants

.... (7) **(réunir)** pour le discours de clôture de monsieur Lagane,

puis ils .... (8) **(raccompagner)** à l'aéroport. Bon voyage !

6 **Transformez les phrases à la forme passive.**
(Indiquez le complément seulement si c'est nécessaire.)

Dire ce qui
s'est passé

1. Un coup de tonnerre m'a réveillé en pleine nuit.

   J'ai été réveillé par un coup de tonnerre en pleine nuit.

2. Cela m'a tiré de mon lit.

   ....

3. Un violent coup de vent a cassé la vitre.

   ....

4. Les morceaux de verre m'ont légèrement blessé.

   ....

5. Un de mes enfants m'a appelé.

   ....

6. Le bruit l'avait paniqué.

   ....

7. On nous a retrouvés serrés l'un contre l'autre.

   ....

7 **Transformez les phrases à la forme passive.**

1. Rupture des accords entre Somica et la SDB. (**rompre**)
   Hier soir, *les accords entre Somica et la SDB ont été rompus.*

2. Interruption du trafic sur la ligne 4 du métro. (**interrompre**)
   Demain, ...

3. Inauguration du musée des arts premiers. (**inaugurer**)
   Samedi prochain, ...

4. Arrestation d'une bande de cambrioleurs. (**arrêter**)
   Il y a deux jours, ...

5. Ouverture du pont entre Pordic et Grande-Ile. (**ouvrir**)
   Bientôt, ...

6. Libération des otages. (**libérer**)
   Hier soir, ...

7. Annonce d'une baisse des impôts. (**annoncer**)
   Hier matin, ...

B LA FORME PRONOMINALE À SENS PASSIF

FORMATION	EXEMPLES
Sujet **inanimé à la troisième personne** + **verbe pronominal**	Ce genre de robe **se porte** en toutes occasions. Ce type de tissu, ça **se voit** surtout dans les pays chauds. Ces modèles ne **se font** qu'en noir.

8 Dites si le verbe pronominal a un sens passif ou actif. Cochez.

	Sens passif	Sens actif
1. Ils se disent heureux.	☐	☒
2. Ce mot ne se dit pas en public.	☐	☐
3. Ces poèmes s'écrivent en alexandrins.	☐	☐
4. Il a du mal à se relire.	☐	☐
5. Cette langue ne se parle plus.	☐	☐
6. Ce film doit se voir sur un grand écran.	☐	☐
7. Ils s'écrivent toutes les semaines.	☐	☐
8. Il se parle quand il est tout seul.	☐	☐
9. C'est le genre de roman qui se relit plusieurs fois.	☐	☐
10. Ils ne se voient plus depuis longtemps.	☐	☐

9 Complétez.

Informer sur les choses

se brancher   se conduire   s'entendre   s'entretenir   se garer   s'utiliser   se voir

Cette nouvelle voiture **s'utilise** (1) en ville et sur route. Comme elle marche à l'électricité,

elle .... (2) sur n'importe quelle prise électrique et son moteur ne

.... (3) pas, il est silencieux. Elle .... (4) sans fatigue,

elle est sûre et légère. Elle est très économique, elle .... (5) à peu de frais.

Elle .... (6) dans très peu d'espace. Elle ne .... (7) pas

encore beaucoup : elle est toute nouvelle.

10 Transformez les phrases à la forme pronominale.

1. Le match sera joué au Grand Stade.   *Le match se jouera au Grand Stade.*

2. Ce sport est pratiqué en plein air.

    ....

3. La sélection a été faite le week-end dernier.

    ....

4. Les résultats étaient affichés automatiquement.

    ....

5. Le stade a été rempli peu à peu.

    ....

6. Les mêmes règles sont appliquées à tous les joueurs.

    ....

Sujet **animé** + **se faire** + **infinitif**	Ne mets pas ton portefeuille dans ta poche, tu risques de **te** le **faire voler** ! Marie **s'est fait acheter** un collier en or.

Attention !
• Le participe passé *fait*, quand il est suivi d'un infinitif, est invariable.
• *Se faire* + **infinitif** peut avoir un complément d'objet. *Elle s'est fait voler. Elle s'est fait voler* **son sac.**

11 Mettez dans l'ordre.

1. est / association / nommer / fait / il / se / de / directeur / la.

   Il s'est fait nommer directeur de l'association.

2. sponsoriser / pas / il / est / ne / se / fait.

   ....

3. secrétaire / de / désigner / elle / se / générale / faire / vient.

   ....

4. se / ils / vont / président / le / appuyer / pas / par / ne / faire.

   ....

5. député / me / élire / je / ferai.

   ....

6. leurs / par / ils / dénoncer / sont / adversaires / fait / se.

   ....

7. licencier / te / tu / faire / de / viens.

   ....

12 Transformez.

1. J'ai été renversé en traversant la rue.   *Je me suis fait renverser en traversant la rue.*

2. Elle a été conduite d'urgence à l'hôpital.

   ....

3. Elles ont été soignées par un pharmacien.

   ....

4. Ils ont été raccompagnés chez eux.

   ....

5. Tu as été mis en arrêt maladie.

   ....

6. Vous avez été opéré quelque temps plus tard.

   ....

13 Complétez.

– Voilà, ça devait arriver un jour ! On **s'est fait cambrioler** (1) **(se faire cambrioler)** le week-end dernier.

– Ils ont emporté beaucoup de choses ?

– Ma femme .... (2) **(se faire voler)** tous ses bijoux et moi, tous mes appareils photo. J'espère que nous pourrons

.... (3) **(se faire rembourser)** rapidement, mais il paraît que ce n'est pas toujours facile !

– Tu as raison, ça devient de plus en plus difficile ! J'ai une copine qui .... (4) **(se faire agresser)** l'année dernière, elle est restée dix jours à l'hôpital et elle ....

.... (5) **(ne pas encore se faire indemniser)** par les assurances.

– Je ne sais pas comment les criminels font pour ne pas .... (6) **(se faire prendre)** ! Je crois qu'on .... (7) **(se faire installer)** une alarme et avec ça, j'espère qu'on .... (8) **(ne pas se faire dévaliser)** !

BILAN

1 Dites si le verbe est à la forme passive (*P*) ou active (*A*).

FABRICE. – Je me suis fait offrir (......) (1) un ordinateur pour Noël, et j'ai vraiment été gâté (......) (2) parce que mes parents m'ont acheté (......) (3) une machine super : regarde !

JULIETTE. – Oh ! là ! là ! ils ne se sont pas moqués (......) (4) de toi ! C'est le modèle qui est le plus vendu (......) (5) actuellement.

FABRICE. – Le problème, c'est que je ne sais pas exactement comment ça s'installe (......) (6) et comment ça marche (......) (7) ; tu sais, toi ?

JULIETTE. – Attends que je regarde. Ah non ! Il n'a pas été correctement branché (......) (8). Tu vois, ça, ça se met (......) (9) là. Et le fil noir, tu le fais passer (......) (10) derrière, et quand tu ajouteras (......) (11) l'imprimante, il y aura un câble qui devra être mis (......) (12) là. Voilà, tu peux l'allumer (......) (13).

FABRICE. – Génial ! Maintenant, il faut que je me fasse expliquer (......) (14) l'utilisation des logiciels.

JULIETTE. – Si tu veux, je te donnerai (......) (15) des cours.

2 **Transformez les phrases avec *se faire* + infinitif
ou à la forme pronominale.**

JEAN-MARC. – Quelle journée !

CHRISTOPHE. – Qu'est-ce qui t'est arrivé ?

JEAN-MARC. – Ne m'en parle pas ! .... (1) **(On m'a volé)**
mon autoradio. Je l'avais laissé dans la voiture.

CHRISTOPHE. – Enfin, tu n'es pas prudent ! Un autoradio, ... (2)
(on ne le laisse pas) dans une voiture, ... (3) **(on l'enlève)**.
.... (4) **(on le vole)** tellement facilement !

JEAN-MARC. – Attends, ce n'est pas fini ! Ce matin, ... (5)
(la police m'a arrêté) sur le boulevard périphérique : excès de vitesse, 120 kilomètres à l'heure !
Là, c'est sûr, ... (6) **(on va m'enlever)** des points sur
mon permis de conduire !

CHRISTOPHE. – Ah oui, certainement ! J'ai même un voisin qui .... (7)
(on vient de lui retirer) son permis, pour la même raison !

JEAN-MARC. – Et le pire, c'est que, cette nouvelle voiture, ...
.... (8) **(mon père me l'avait offerte)** ! Vraiment, il y a des jours !

3 **Transformez à la forme passive les parties en italique.
Lorsque c'est possible, utilisez la forme pronominale.**

En direct, à la radio

Mesdames et Messieurs, bonsoir. Soirée exceptionnelle pour la première de « Jour et nuit »,
l'opéra sur la vie de Nicolas Fouquet *qu'a écrit Rose Vincent* (1). *On jouera cet opéra* (2) pendant
trois mois. *C'est l'auteur lui-même qui a choisi les chanteurs* (3). Ce soir, *on attend beaucoup de
monde* (4). *On a vendu toutes les places* (5). La salle se remplit peu à peu. *Des jeunes filles en
costume d'époque accueillent les spectateurs* (6). *On les a choisies* (7) parmi les élèves d'un cours
de théâtre. Il est presque 21 heures ; *on va bientôt lever le rideau* (8). Je vous rappelle que
notre radio retransmettra le spectacle en entier (9). Bonne soirée.

*Mesdames et Messieurs, bonsoir. Soirée exceptionnelle pour la première de « Jour et
nuit », opéra sur la vie de Nicolas Fouquet* ....
....
....
....
....
....
....

LE DISCOURS RAPPORTÉ

➤ Rapporter les paroles, les questions de quelqu'un

A LES TRANSFORMATIONS SYNTAXIQUES

DISCOURS DIRECT	DISCOURS INDIRECT
« Je n'ai rien compris ! »	Je te dis **que** je n'ai rien compris.
« Est-ce que tu as bien écouté ? » « Qu'est-ce que tu n'as pas compris ? » « Qu'est-ce qui ne va pas ? »	Il te demande **si** tu as bien écouté. Je me demande **ce que** tu n'as pas compris. On peut savoir **ce qui** ne va pas ?
« Mais concentre-toi ! »	Je te dis **de** te concentrer.

Attention !
• Quand on passe du discours direct au discours indirect, il faut souvent modifier les pronoms personnels, les adjectifs possessifs, les adverbes de temps et de lieu. *Elle dit : « Je vais tout vous raconter ».*
Elle dit qu'elle va tout nous raconter.
• S'il y a plusieurs phrases, le mot introducteur est répété : *Elle dit qu'elle va tout nous raconter, que ce n'est pas grave et qu'il ne faut pas s'inquiéter.*

1 Soulignez le mot introducteur correct.

Rapporter
les paroles
de quelqu'un

Mes parents me demandent toujours :

1. **si/ce que** j'ai eu de bonnes notes,

2. **que/ce que** j'ai comme devoirs pour le lendemain,

3. **comment/si** se passent les cours,

4. **ce qui/avec qui** je m'entends bien,

5. **si/ce que** les professeurs m'ont dit,

6. **où/si** ma classe est sérieuse,

7. **ce que/comment** la journée s'est déroulée,

8. **pourquoi/que** je ne veux pas leur répondre.

Mais moi, j'en ai assez de leurs questions !

2 Complétez avec *ce qui, ce que, si* et *pourquoi.*

Dans la rue

Mais enfin, qu'est-ce qu'elle a, cette fille ? Je me demande *ce qu'* (1) elle me veut !

Je ne comprends pas .... (2) elle me suit depuis tout à l'heure.

Je ne vois vraiment pas .... (3) je lui ai fait ! Tiens, un agent de police !

Je ne sais pas .... (4) je ne devrais pas lui demander de l'aide !

Cette fille me fait presque peur ! Je ne vois pas .... (5) peut l'intéresser !

Et si je l'abordais ? Hum... Je me demande .... (6) c'est vraiment

une bonne idée : on ne sait jamais .... (7) peut arriver, avec une inconnue !

3 Soulignez la (les) bonne(s) réponse(s).

Rapporter les paroles de quelqu'un

Réunion au lycée

1. Les professeurs ont **prévenu/annoncé/voulu savoir** que les nouveaux examens seraient avancés.
2. Les étudiants ont **répondu/demandé/affirmé** qu'ils s'étaient préparés.
3. Les parents ont **voulu savoir/demandé/assuré** comment se présentaient les épreuves.
4. Le directeur a **rappelé/demandé/souligné** qu'il existait un texte ministériel.
5. Il a **annoncé/dit/demandé** de bien prendre connaissance de ce texte.
6. Certains parents ont **demandé/répondu/voulu savoir** ce qui était vraiment nouveau.
7. Les professeurs ont **expliqué/précisé/demandé** que la réforme était importante.
8. Le surveillant a **demandé/indiqué/rappelé** de ne pas oublier les pièces d'identité.

4 Complétez avec *de, si, ce que* ou *que*.

Devant le cinéma

LA MAMAN. – Sois gentil Antoine, on va avancer vite.

ANTOINE. – C'est long !

LA MAMAN. – Écoute, je te demande *d'* (1) être un peu

patient ! Je te promets .... (2) faire vite !

ANTOINE. – Moi, je te dis .... (3) ce sera long !

LA MAMAN. – Reste tranquille ! Si tu me promets

.... (4) ne pas bouger, je t'achèterai

du pop-corn. Ça te ferait plaisir ?

ANTOINE. – Papa dit .... (5)

c'est mauvais pour les dents !

LA MAMAN. – Alors, on n'en achète pas !

ANTOINE. – Si ! Tu me demandes .... (6)

ça me ferait plaisir et après, tu me dis

.... (7) tu ne m'en achèteras pas !

LA MAMAN. – Arrête Antoine ! Je me demande

.... (8) tu as aujourd'hui !

Le discours rapporté

5 **Transformez.**

Rapporter les questions de quelqu'un

Valérie me pose sans arrêt les mêmes questions sur Jean-Luc !

Elle me demande sans cesse :

1. Est-ce qu'il sort encore avec Julie ?

    s'il sort encore avec Julie,

2. Il va où, après les cours ?

    .... ,

3. Il rentre chez lui directement ?

    .... ,

4. Qu'est-ce qu'il fait le soir ?

    .... ,

5. Est-ce qu'il a parlé de moi ?

    .... ,

6. Qu'est-ce qu'il pense de moi ?

    ....

Vraiment, elle m'énerve !

6 **Complétez.**

Rapporter les paroles de quelqu'un

1. « Claire, tout va bien pour demain. Je t'apporte le dossier comme prévu, mais je n'ai pas pu joindre Aurélien. J'essaierai de lui téléphoner quand je serai avec Xavier. Bisous. Anouk. »

CLAIRE. – Ah ! J'ai reçu un e-mail d'Anouk.

XAVIER. – Qu'est-ce qu'elle dit ?

CLAIRE. – Elle dit **que tout va bien** (1) pour demain, ... (2)

le dossier comme prévu, mais .... (3) joindre Aurélien. Et elle ajoute

.... (4) de lui téléphoner quand .... (5).

2. « Nous n'avons pas reçu les documents pour la réunion du lundi 22. Pouvez-vous nous les faxer rapidement ? Concernant les illustrations, qu'est-ce qui a été décidé ? Nous pensons les revoir avec vous. Cordialement. »

LA SECRÉTAIRE. – Il y a un e-mail des éditeurs.

LE DIRECTEUR. – Oui, qu'est-ce qu'ils disent ?

LA SECRÉTAIRE. – Ils disent .... (6) les documents pour la réunion

du lundi 22 et ils demandent .... (7) faxer rapidement.

Ils demandent aussi .... (8) pour les illustrations et ils disent

.... (9).

3. « Khaled, je te retrouve à 19 heures avec Louise et Marine. Je risque d'être en retard, vous m'attendrez peut-être un peu. J'espère que Fabien pourra venir. À ce soir. Atsuko. »

KHALED. – Tiens ! Un e-mail d'Atsuko. Elle dit .... (10)

à 19 heures avec Louise et Marine, ... (11) d'être en retard,

.... (12) peut-être un peu.

FABIEN. – Elle parle de moi ?

KHALED. – Oui, elle dit aussi .... (13) venir.

FABIEN. – Je crois que je pourrai.

B LA CONCORDANCE DES TEMPS

DISCOURS DIRECT	DISCOURS INDIRECT AVEC UN VERBE INTRODUCTEUR AU PASSÉ
« Je l'**ai rencontrée** dans le bus. »	Il m'a raconté qu'il l'**avait rencontrée** dans le bus.
« Je **vais** lui **téléphoner**. »	Il a ajouté qu'il **allait** lui **téléphoner**.
« Est-ce que nous **irons** au cinéma ? »	Elle a voulu savoir s'ils **iraient** au cinéma.
« Je ne l'**aurai** pas **appelée**. »	Il m'a dit qu'il ne l'**aurait** pas **appelée**.
« Je ne la **vois** pas ce soir ! »	Il vient de me dire qu'il ne la **voyait** pas ce soir.

7 Transformez.

Rapporter les questions de quelqu'un

Oh ! là ! là ! hier soir, j'ai eu le malheur de rentrer après minuit, et ça a fait un vrai drame !

Mon père m'a accablée de questions : Il m'a demandé :

1. D'où tu viens ? *d'où je venais.*
2. Pourquoi tu rentres si tard ? ....
3. Qu'est-ce que tu as fait ? ....
4. Avec qui est-ce que tu étais ? ....
5. Où est-ce que tu es allée ? ....
6. Qu'est-ce que tu vas dire à ta mère ? ....
7. Tu lui diras la vérité ? ....
8. Et quand est-ce que tu feras ton travail ? ....

et patati et patata... Ah ! mon père, il ne changera jamais !

8 Transformez au style direct.

Bulletin météo

La présentatrice de la météo a annoncé que le temps allait radicalement changer, que l'hiver s'éloignait et qu'il ferait de plus en plus doux, notamment sur les Alpes. Elle a d'ailleurs rappelé aux skieurs qu'ils devaient être très prudents et qu'il ne fallait pas qu'ils fassent du ski hors-piste, en raison des risques d'avalanches. La présentatrice de la météo a également précisé que les régions méditerranéennes, qui n'avaient pas reçu de pluie depuis plusieurs semaines, étaient menacées de sécheresse. Elle a enfin déclaré que les prévisions météorologiques pourraient maintenant être faites six jours à l'avance.

Le discours rapporté

LA PRÉSENTATRICE. — « *Le temps va radicalement changer* (1), l'hiver .... (2) et il .... (3) de plus en plus doux, notamment sur les Alpes. Attention, les skieurs, ... (4) être très prudents, ... (5) du ski hors-piste, en raison des risques d'avalanches. Les régions méditerranéennes, qui .... (6) de pluie depuis plusieurs semaines, ... (7) de sécheresse. J'ai le plaisir de vous annoncer que les prévisions météorologiques .... (8) maintenant être faites six jours à l'avance. »

9 **Transformez.**

Rapporter les paroles de quelqu'un

LE JOURNALISTE. — Isabelle, que pensez-vous de votre rôle dans ce film ?

ISABELLE JANIDA. — J'ai eu beaucoup de plaisir à jouer ce rôle, j'ai été marquée par mon personnage. Je dois dire que j'ai même eu souvent du mal à m'endormir !

LE JOURNALISTE. — Vous avez d'autres projets dans l'immédiat ?

ISABELLE JANIDA. — Non, je n'ai rien pour le moment, cela me permettra de me reposer !

LE JOURNALISTE. — Et après ?

ISABELLE JANIDA. — J'ai des projets plus lointains, et notamment je vais collaborer à une mise en scène. J'aurai aussi un tournage en Afrique, mais rien n'est encore définitif, je ne veux rien dévoiler !

LE JOURNALISTE. — Je vous remercie, Isabelle.

Interviewée par le journaliste Jacques Beris, Isabelle Janida a souligné qu'elle *avait eu* (1) beaucoup de plaisir à jouer ce rôle, et qu'elle .... (2) par son personnage. Elle a reconnu qu'elle .... (3) du mal à s'endormir. Le journaliste a voulu savoir si .... (4) d'autres projets dans l'immédiat. L'actrice a répondu qu'elle .... (5) rien pour le moment, et que cela lui .... (6) de se reposer. Elle a tout de même indiqué qu' .... (7) des projets plus lointains, et que, notamment, elle .... (8) à une mise en scène. Elle a également précisé qu'elle .... (9) aussi un tournage en Afrique, mais que rien n' .... (10) encore définitif et qu'elle ne .... (11) rien dévoiler.

BILAN

1 **Soulignez les formes correctes.**

L'EMPLOYÉE. – Office du tourisme de La Giettaz, bonjour.

LE CLIENT. – Bonjour madame, je voudrais savoir **que/si/ce que** (1) vous **avez eu/avez/aviez** (2) encore un chalet à louer pour la première semaine de février.

L'EMPLOYÉE. – Malheureusement, non, mais des appartements, oui.

LE CLIENT. – Hum, on m'a raconté **ce que/ce qui/que** (3) les appartements **sont/seront/étaient** (4) souvent très petits dans les stations, et je me demande **si/de/ce qu'** (5) on ne **est/sera/a été** (6) pas les uns sur les autres : nous sommes dix. En plus, nous sommes un groupe d'amis et on m'a demandé **que/si/de** (7) **avoir trouvé/trouverai/trouver** (8) quelque chose de spacieux et de confortable. Alors, un appartement, je ne sais pas **pourquoi/si/que** (9) ça **conviendra/convenait/avait convenu** (10).

L'EMPLOYÉE. – Écoutez, je peux regarder **si/pourquoi/que** (11) nous **avons eu/aurons eu/avons** (12) de grands appartements. Vous m'avez dit **que/si/combien** (13) vous **seriez/êtes/avez été** (14) dix, mais vous ne m'avez pas indiqué **ce qu'/s'/d'** (15) il y **avait/a/a eu** (16) des enfants, des couples... et vous ne m'avez pas précisé **que/si/ce que** (17) vous **avez voulu/vouliez/aviez voulu** (18) mettre comme loyer.

LE CLIENT. – Il y a trois couples et quatre enfants entre six et huit ans. Pour le loyer, autour de 2 500 euros.

L'EMPLOYÉE. – Bon, je vérifie... Désolée, je n'ai rien d'assez grand.

LE CLIENT. – Excusez-moi, mais j'ai entendu dire **qu'/ce qu'/s'** (19) il y **a eu/avait eu/avait** (20) des gîtes à louer, est-ce que vous savez **ce qui/où/qui** (21) **peut/aura pu/pouvait** (22) me renseigner ou **qui/ce que/si** (23) je **dois/devais/ai dû** (24) faire pour avoir les adresses des gîtes ?

L'EMPLOYÉE. – Un instant, je demande à ma collègue **de/si/pourquoi** (25) vous **répondiez/répondez/répondre** (26), c'est elle qui est au courant.

LE CLIENT. – Merci beaucoup.

2 **Complétez.**

À la caisse d'un théâtre

UNE SPECTATRICE. – Excusez-moi, les personnes qui m'accompagnent risquent d'arriver à la dernière minute. Vous pourrez leur donner leurs billets ?

L'EMPLOYÉ. – Oui, mais elles doivent se présenter à l'ouvreuse directement parce que la caisse sera fermée. Et il ne faut pas qu'elles soient en retard parce que les portes vont fermer dès le début du spectacle.

UNE SPECTATRICE. – Merci monsieur, je vais leur téléphoner tout de suite.

Le discours rapporté — Bilan

Au téléphone

LA SPECTATRICE. – Allô Camille ? Tu es avec Benjamin ?

CAMILLE. – Oui, où es-tu ?

LA SPECTATRICE. – Au théâtre. Alors, j'ai demandé à l'employé à la caisse .... (1)

billets. Il m'a dit .... (2)

fermée. Et attention, ne soyez pas en retard, il m'a expliqué ....

.... (3) dès le début du spectacle.

CAMILLE. – Promis, je me dépêche, et je dis à Benjamin .... (4) aussi !

À tout de suite !

3 Complétez.

ADRIEN. – Alors, cet entretien, ça s'est bien passé ?

CLARA. – C'est difficile à dire parce que, parfois, on te pose des questions bizarres !

ADRIEN. – Ah bon ! Qu'est-ce qu'on t'a demandé ?

CLARA. – D'abord des choses classiques du genre : « Quels sont vos points forts ? » (1),

« Comment est-ce que vous nous avez connus ? » (2), « Qu'est-ce qui vous intéresse dans

ce poste ? » (3), « Qu'est-ce que vous ferez dans dix ans ? » (4), « Quelles sont vos prétentions

salariales ? » (5), etc. Et puis des choses du style : « Qui est-ce qui vous a appris à faire

du vélo ? » (6), « Que cherchez-vous dans la vie ? » (7), « Quelle est la couleur de votre âme ? » (8),

« Qu'est-ce qui se passerait si le soleil ne brillait plus ? » (9), « Est-ce que vous vous

marierez ? » (10), etc.

ADRIEN. – C'est normal, ce sont des questions de psychologues !

Chère maman, cher papa.

Hier j'ai eu mon premier entretien et j'ai été assez surprise par les questions que l'on m'a posées ! Tout d'abord, on m'a demandé

.... (1),

.... (2),

.... (3),

.... (4),

.... (5), *et puis mon interlocuteur*

a voulu également savoir .... (6),

.... (7),

.... (8),

.... (9),

.... (10). *C'est curieux, non ?*

J'attends avec impatience le résultat. Bisous.

Clara

LE PARTICIPE PRÉSENT ET LE GÉRONDIF

➤ Définir une personne ➤ Donner des directives ➤ Donner une explication
➤ Conseiller ➤ Formuler une promesse

A LE PARTICIPE PRÉSENT

FORMATION	EXEMPLES
radical du présent avec « nous » **+ ant**	appren**ant** commenç**ant** change**ant** provoqu**ant**

Attention !
• Trois verbes sont irréguliers : **être** *(étant)* ; **avoir** *(ayant)* ; **savoir** *(sachant)*.
• Le participe présent est une forme invariable.
• Le participe présent a une forme composée qui marque l'**antériorité** par rapport au verbe principal : **ayant pris, étant allé(es)**. Pour cette forme, le choix de l'auxiliaire et l'accord du participe passé suivent les mêmes règles que pour les temps composés : **Les** *ayant appelés trop tard, je n'ai pas pu les joindre.*

1 Soulignez l'infinitif correct.
(Parfois, les deux sont possibles.)

1. Réussissant   Réunir/<u>Réussir</u>
2. Prévoyant   Prévenir/Prévoir
3. Agissant   Agir/Agiter
4. Croyant   Crier/Croire
5. Lisant   Lire/Lier

6. Fondant   Fondre/Fonder
7. Misant   Miser/Mettre
8. Peignant   Peigner/Peindre
9. Vivant   Voir/Vivre
10. Tendant   Tenir/Tendre

2 Complétez le tableau.

Infinitif	Participe présent	Infinitif	Participe présent
1. Voir	*Voyant*	7. Connaître	....
2. Faire	....	8. Comprendre	....
3. Savoir	....	9. Voyager	....
4. Placer	....	10. Réfléchir	....
5. Être	....	11. Interdire	....
6. Avoir	....	12. Craindre	....

Le participe présent et le gérondif

3 Complétez le tableau.

Participe présent	Forme composée	Participe présent	Forme composée
1. Prenant	*Ayant pris*	6. Étant	....
2. Intervenant	....	7. Ayant	....
3. Disant	....	8. S'expliquant	....
4. Éteignant	....	9. Ne se souvenant pas	....
5. Ne recevant pas	....		

UTILISATION	EXEMPLES
Le participe présent est principalement utilisé à l'écrit :	
• pour remplacer une **relative** avec **qui**. Connais-tu des mots français qui commencent par « w » ?	Connais-tu des mots français **commençant** par « w » ?
• pour exprimer la **cause**.	**Ayant acheté** mes billets mais ne **pouvant** pas partir, j'ai laissé ma place à mon frère. Le voyage **ayant été** annulé, je suis resté chez moi.

4 Complétez.

Définir une personne

Petites annonces

Recherchons

Un avocat *maîtrisant* (1) (**maîtriser**) parfaitement le droit des Affaires, ... (2) (**justifier**) d'une expérience de cinq ans minimum dans ce domaine, ... (3) (**pouvoir**) se déplacer fréquemment à l'étranger et .... (4) (**savoir**) parler couramment l'italien. Pour ce poste .... (5) (**nécessiter**) de nombreux déplacements, le permis de conduire est indispensable.

Recherchons

Un interprète français-turc, ... (6) (**posséder**) une bonne connaissance de la Turquie, ... (7) (**connaître**) bien Istanbul et .... (8) (**avoir**) une expérience dans le secteur automobile. Poste .... (9) (**permettre**) une rapide évolution et .... (10) (**s'adresser**) à des personnes .... (11) (**ne pas craindre**) les voyages fréquents.

Le participe présent et le gérondif

5 **Transformez les phrases avec le participe présent
ou sa forme composée.**

*Donner
une explication*

1.   Comme je n'ai pas reçu de réponse, je me permets de vous recontacter.
     N'ayant pas reçu de réponse, je me permets de vous recontacter.

2.   Nous ne pouvons pas satisfaire votre demande, nous vous proposons donc un autre produit.
     .... satisfaire votre demande, nous vous proposons
     donc un autre produit.

3.   Nous n'avons pas la possibilité de vous livrer avant dix jours, nous vous accordons une
     réduction supplémentaire de 2 %.
     .... de vous livrer avant dix jours, nous vous accordons
     une réduction supplémentaire de 2 %.

4.   Comme nous avons enregistré une forte demande de cet article, nous ne l'avons plus en magasin.
     .... une forte demande de cet article, nous ne l'avons
     plus en magasin.

5.   Les articles sont en mauvais état, je vous les retourne.
     .... en mauvais état, je vous les retourne.

6.   Notre ligne téléphonique est en dérangement, je vous envoie ce courrier.
     .... en dérangement, je vous envoie ce courrier.

B   LE GÉRONDIF

FORME	UTILISATION	EXEMPLES
En + participe présent	Le gérondif peut exprimer : • la **simultanéité** • la **manière** • la **condition**	Je l'ai rencontré **en** entr**ant** dans le magasin. Il fait toujours ses courses **en** cour**ant**. **En** dépens**ant** moins, je ferais des économies.

Attention ! Le sujet du gérondif est toujours le même que celui du verbe principal.

6 **Transformez les phrases comme l'exemple.**

*Donner
des directives*

Livre d'exercices

1.   Compléter. Utiliser des pronoms démonstratifs.
     Complétez en utilisant des pronoms démonstratifs.

2.   Recopier les phrases. Remplacer les pointillés par l'expression correcte.
     ....

Le participe présent et le gérondif

3.   Réécrire les phrases. Ajouter des mots de liaison.

....

....

4.   Faire une seule phrase. Relier les deux éléments.

....

....

5.   Recopier les phrases. Corriger les erreurs.

....

....

6.   Améliorer le dialogue. Tenir compte du niveau de langue.

....

....

7.   Transformer le texte. Choisir des mots plus précis.

....

....

7 **Mettez les verbes au gérondif.**

Donner une explication

1.   – Comment est-ce qu'il s'est brûlé ?

   – *En allumant* (**allumer**) un feu dans la cheminée !

2.   C'est .... (**faire**) du ski qu'il s'est cassé le bras.

3.   Nous avons failli nous noyer .... (**essayer**) de faire du surf.

4.   C'est .... (**vouloir**) escalader un arbre qu'ils ont déchiré leurs vêtements.

5.   – Elles sont tombées comment ?

   – .... (**descendre**) de l'échelle.

6.   – Tu as cassé le carreau ?

   – Oui, ... (**fermer**) la fenêtre.

7.   – Oh ! la bosse ! Comment tu t'es fait ça ?

   – .... (**faire**) une tête, au foot.

8.   – Comment tu t'es coupé ?

   – .... (**se raser**) !

9.   Je me suis presque étouffé .... (**manger**) un bonbon.

10. Ils ont été renversés .... (**traverser**) une rue.

8 **Transformez les phrases avec le gérondif.**

Conseiller

1. Appelle-moi quand tu arriveras.

   Appelle-moi *en arrivant*.

2. Fais attention quand tu te promèneras dans la rue.

   Fais attention ....

3. N'oublie pas de fermer la porte quand tu sortiras de chez toi.

   N'oublie pas de fermer la porte ....

4. Sois bien poli quand tu aborderas quelqu'un dans la rue.

   Sois bien poli ....

5. Regarde bien autour de toi quand tu prendras de l'argent au distributeur.

   Regarde bien autour de toi ....

6. Sois prudent quand tu conduiras.

   Sois prudent ....

9 **Mettez les verbes au gérondif.**

1. « Que voulez-vous ? », demanda-t-il *en levant* (**lever**)

   la tête et .... (**retirer**)

   sa pipe de sa bouche.

2. « Bien sûr », répondit-elle ....

   (**rire**) et .... (**le fixer**)

   droit dans les yeux.

3. « Peut-être », murmura-t-il tout

   .... (**réfléchir**) et

   .... (**boire**) son verre de vin.

4. « C'est impossible ! », cria-t-il

   .... (**s'énerver**) et

   .... (**frapper**) sur la table.

5. « Aline ! », appelèrent-ils

   .... (**agiter**) les bras

   et .... (**courir**) vers elle.

6. « Non, non, s'il vous plaît, pas ça ! », dit-elle

   .... (**se mettre**) à pleurer et

   .... (**s'asseoir**) à côté de lui.

Le participe présent et le gérondif — Bilan

10 **Transformez.**

1. Si tu mises sur « Croque tout », tu gagneras beaucoup d'argent !

    En misant sur « Croque tout », tu gagneras beaucoup d'argent !

2. S'il investit dans notre société, il doublera son capital.

    ...., il doublera son capital.

3. Si tu réussis cette vente, tu t'enrichiras !

    ...., tu t'enrichiras !

4. Si elle nous fait confiance, elle deviendra millionnaire !

    ...., elle deviendra millionnaire !

5. S'ils placent bien leur argent, ils feront fortune !

    ...., ils feront fortune !

6. Si tu revends tes actions maintenant, tu risques de tout perdre !

    ...., tu risques de tout perdre !

7. Si vous suivez bien mes conseils, vous paierez moins d'impôts !

    ...., vous paierez moins d'impôts !

BILAN

1 **Complétez avec le participe présent ou le gérondif.**

1. **glisser**

    Les spectateurs admiraient les patineurs .... avec légèreté.

    Ils sont tombés .... sur la glace.

2. **partir**

    .... plus tôt de chez toi, tu n'arriverais plus en retard.

    Les vacanciers .... tous le même jour, il y a de nombreux embouteillages.

Le participe présent et le gérondif — Bilan

3. **trembler**

On a découvert un petit garçon .... de froid.

Elle s'est approchée de lui ....

4. **vieillir**

On comprend mieux les choses ....

Ma grand-mère .... bien, on lui donne moins que son âge.

5. **boire**

Elle dormira mieux .... moins de café.

.... toute une bouteille de champagne, il a laissé le volant à son ami.

2 Soulignez la réponse correcte.

Madame, Monsieur,

Désirant/Ayant désiré (1) inscrire à un cours un groupe de jeunes étrangers

en apprenant/apprenant (2) le français, je m'adresse à vous pour obtenir différentes

informations. Il s'agit de jeunes gens qui, **étudiant/ayant étudié** (3) cette langue pendant

plusieurs années, veulent se perfectionner pour se présenter à un examen. **Ayant suivi/en**

suivant (4) les mêmes cours, ils ont maintenant le même niveau. Un séjour en France de quatre

semaines leur permettrait de découvrir une nouvelle culture **se détendant/en se détendant** (5).

Pourriez-vous les mettre ensemble **en prévoyant/prévoyant** (6) des heures de travail individuel ?

Comptant/Ayant compté (7) sur une réponse rapide de votre part, je vous prie d'agréer,

Madame, Monsieur, l'expression de mes salutations distinguées.

3 Complétez avec le participe présent ou le gérondif.

Commissariat de police

Déposition de monsieur Trouillard :

.... (1) **(rentrer)** chez moi ce matin, j'ai aperçu un homme

.... (2) **(pénétrer)** chez mes voisins par la fenêtre du rez-de-chaussée.

.... (3) **(s'approcher)** un peu, je l'ai vu .... (4)

(photographier) des documents et .... (5) **(fouiller)** dans le bureau

où il a trouvé un revolver. À un moment, il s'est retourné .... (6) **(crier)**.

J'ai pris peur et je vous ai téléphoné.

Description du suspect :

Homme .... (7) **(mesurer)** au moins 1 mètre 90, chauve, d'âge moyen,

.... (8) **(porter)** de grosses lunettes.

LE TEMPS

➤ Informer sur le moment, la durée ➤ Dire quand un événement a eu lieu

A LES PRÉPOSITIONS DE TEMPS

FORMES	EXEMPLES
Pour exprimer le **moment : à, vers, à partir de, jusqu'à (jusque), dès, après, avant, au début de, à la fin de, au milieu de, de … à, il y a.**	Il a commencé la politique **vers** 18 ans, **il y a** environ 40 ans. **Au début des** années soixante, il avait un avenir brillant.
Pour exprimer la **durée : depuis, d'ici, en, entre … et, au cours de, pendant, dans, pour.**	Il n'a pas eu que des succès **au cours de** sa carrière. Démissionnera-t-il **d'ici** la fin de l'année ?

Attention !
• Les expressions *il y a … que*, *cela fait … que* se placent en début de phrase et ont le même sens que *depuis* : *Il y a trois jours **que** je suis là* ; *Je suis là **depuis** trois jours* ; ***Cela fait** trois jours **que** je suis là.*
• ***Depuis*** ne s'utilise pas avec le futur.
• ***Il y a*** ne s'utilise qu'avec un temps passé.

1 Soulignez la (les) bonne(s) réponse(s).

Informer sur le moment, la durée

1. **Pendant/Au cours de/Dans** notre voyage, nous avons découvert des régions magnifiques.

2. Nous avons voyagé **pour/pendant/depuis** deux mois ; nous avons réservé un autre séjour **dès/jusqu'à/à** notre retour.

3. Mon avion part la semaine prochaine, **d'ici/à partir de/depuis** là, j'ai plein de choses à préparer.

4. Dépêchez-vous de réserver car **à partir de/dès/pour** demain il n'y aura plus de réduction.

5. Passez à l'agence **en/dans/avant** la soirée ; **depuis/après/avant** cela, nous devrons proposer votre place à un autre client.

6. Nous vous proposons le tour de la Sicile **au cours de/en/vers** huit jours. Il y aura une escale à Palerme **il y a/pendant/au début de** deux jours.

2 Mettez dans l'ordre.

Dire quand un événement a eu lieu

1. les cours / il y a / ont / un trimestre / commencé / Louvre / du
   Les cours du Louvre ont commencé il y a un trimestre.

2. je / il y a / me / inscrite / que / étais / plusieurs mois

....

3. le cycle / trois semaines / il y a / l'Égypte / se / terminé /sur /est

....

4. l'Extrême-Orient / a / que / sur / débuté / deux jours / le programme / il y a

....

5. il y a / a / le temple d'Angkor / été / une semaine / présenté / que / nous

....

6. fait / monsieur Singh / sa conférence / l'art indien / a / il y a / quelques jours / sur

....

3 Complétez avec *depuis* ou *il y a*.

Informer sur le moment, la durée

1. Nous ne nous parlons plus **depuis** des mois.

2. Nous nous sommes séparés .... quinze jours.

3. Elle ne nous a pas adressé la parole .... trois jours.

4. Il est parti en claquant la porte ; est-ce que vous l'avez revu .... ce jour-là ?

5. Elle s'est disputée avec son frère .... trois jours.

6. Je crois que je l'ai vexée, et, ... ce moment-là, elle m'en veut.

7. Ils étaient mariés .... longtemps quand ils ont divorcé ?

8. Elles se sont vues pour la dernière fois .... deux ans.

4 Complétez avec une préposition de temps.

| pour | entre ... et | après | du ... à la | depuis | pendant | ~~en~~ | dès | dans | d'ici | depuis |

1. Il a réalisé ce film *en* un an à peine car il n'y a pas eu d'incident .... le tournage.

2. – On ira dîner avant d'aller au théâtre ?

   – Non, ... le spectacle, ce sera mieux.

3. Vite, entrons, ça commence .... quelques instants.

4. Cette pièce était vraiment drôle ; j'ai ri .... début .... fin.

5. – .... combien de temps c'est commencé ?

   – Dix minutes seulement.

6. Cet acteur est tellement connu que .... son entrée en scène, tout le monde se lève pour l'applaudir.

7. Ce film est à l'affiche .... dix mois et va le rester sûrement encore .... longtemps.

8. La salle sera fermée .... Noël .... le jour de l'An.

9. L'acteur principal est tombé malade ; .... son retour, un autre acteur le remplacera.

LES CONJONCTIONS DE TEMPS

FORMES	EXEMPLES
Pour exprimer un fait **simultané** au verbe de la principale : **quand, lorsque,** **au moment où,** **chaque fois que,** + indicatif **pendant que, tant que,** **aussi longtemps que,** **au fur et à mesure que**	**Au fur et à mesure que** la journée avançait, les nuages arrivaient. Nous jouions au volley **au moment où** l'orage a éclaté.
Pour exprimer un fait **antérieur** au verbe de la principale : **quand, lorsque,** **après que, une fois que,** **dès que, aussitôt que,** + indicatif **maintenant que,** **depuis que**	**Dès que** la pluie s'est arrêtée, nous sommes repartis à la plage.
Pour exprimer un fait **postérieur** au verbe de la principale : **avant que, jusqu'à ce que,** **en attendant que** + subjonctif	Nous y resterons **jusqu'à ce que** les enfants veuillent rentrer à la maison.

Attention !
• **Après** est suivi de l'infinitif passé si les deux verbes ont le même sujet : **Après avoir parlé,** elle est sortie.
• Si les deux verbes ont le même sujet, on utilise **avant de** + infinitif, **en attendant de** + infinitif : **Avant de partir,** il a téléphoné à ses amis.
• Si une conjonction est suivie de deux propositions, on ne répète pas la conjonction, on utilise **que** : **Maintenant qu'**il a neigé et **que** les pistes sont ouvertes, on va pouvoir aller faire du ski.

5 **Soulignez la conjonction correcte.**

1. J'emménagerai **depuis que/<u>dès que</u>** les rénovations seront faites.
2. Tu dois payer trois mois de loyer **au moment où/aussi longtemps que** tu signes le contrat de location.
3. **Après que/Maintenant que** je vis seule, je suis plus indépendante.
4. J'aménagerai la maison **aussitôt que/pendant que** j'aurai l'argent.
5. **Pendant que/Depuis que** nous installions les meubles, il y a eu une panne de courant.
6. **Au moment où/Depuis que** j'ai quitté mon premier studio, j'ai été triste.
7. **Chaque fois que/Tant que** tu n'auras pas déménagé, nous t'hébergerons.
8. Nous recevrons tous nos amis **après que/avant que** nous serons bien installés.
9. Toutes les pièces ont été repeintes **pendant que/maintenant que** j'étais en vacances.
10. **En attendant que/Après que** les déménageurs soient là, nous avons nettoyé l'appartement.

6 Complétez.

> jusqu'à ce que   ~~maintenant que~~   pendant que   chaque fois que

Maintenant que (1) ma sœur travaille dans une agence de voyages, elle quitte Paris

.... (2) elle a deux jours de libres. .... (3)

elle était partie la semaine dernière, je me suis installée dans son appartement. Et j'y suis restée

.... (4) elle revienne.

> dès que   au moment où   tant que   depuis que

Ça suffit ! .... (5) vous avez emménagé à côté de chez nous, nous

devons supporter votre alarme qui se met en marche pour un oui ou pour un non.

.... (6) l'un de nous rentre à la maison, la sirène se met à hurler et

nous alertons la police. Et vous trouverez la police chez vous .... (7)

durera cette situation insupportable. .... (8) vous ferez réparer

votre alarme, tout le voisinage vous remerciera !

> pendant que   aussi longtemps que   aussitôt que   au fur et à mesure que   avant que

Le pétrolier *Sonia* a fait naufrage .... (9) il passait près des côtes

sud. Le capitaine a envoyé un signal de détresse .... (10) il a

constaté la panne. Mais son navire coulait .... (11) l'eau entrait

dans les cales. Heureusement, l'équipage a pu quitter le bateau .... (12)

celui-ci ne disparaisse dans la mer. .... (13) des bateaux en mauvais

état navigueront, des catastrophes écologiques nous menaceront.

7 Transformez.
(Attention aux temps et aux modes.)

1. Il a toujours peur. (**l'avion décolle/au moment où**)

    Il a toujours peur *au moment où l'avion décolle.*

2. Vous m'attendrez à la cafétéria. (**les bagages sont enregistrés/en attendant que**)

    Vous m'attendrez à la cafétéria ....

3. J'ai perdu ma carte d'embarquement. (**je passe au contrôle des passeports/lorsque**)

    J'ai perdu ma carte d'embarquement ....

4. Il y a eu des turbulences. (**nous survolons la Suisse/aussi longtemps que**)

    Il y a eu des turbulences ....

5. Nous gardons nos ceintures. (**l'avion atterrit/jusqu'à ce que**)

    Nous gardons nos ceintures ....

6. Va vite prendre un chariot. (**il n'y en a plus/avant que**)

   Va vite prendre un chariot ....

7. J'ai récupéré les valises. (**tu vas chercher un taxi/pendant que**)

   J'ai récupéré les valises ....

8 **Transformez les phrases comme l'exemple.**
(**Attention aux temps.**)

1. Je t'appellerai dès mon retour. (**revenir**) *Je t'appellerai dès que je reviendrai.*

2. Il m'a tout raconté au moment de son départ. (**partir**)

   ....

3. Il m'a téléphoné deux fois depuis mon arrivée. (**arriver**)

   ....

4. Je te préviendrai dès réception de la lettre. (**recevoir**)

   ....

5. Elle ne donne plus de nouvelles depuis son échec au bac. (**échouer**)

   ....

6. Ils n'ont pas pu la joindre pendant son voyage. (**voyager**)

   ....

7. Tu viendras dîner après mon déménagement. (**déménager**)

   ....

9 **Mettez dans l'ordre.**

1. tant / gardera / la chambre / il / aura / de la température / il / que

   Il gardera la chambre tant qu'il aura de la température.

2. des forces / elles / auront / pourront / dès / sortir / que / elles / repris

   ....

3. Valérie / aura mal / avec une béquille / marchera / tant / à la cheville / que / elle

   ....

4.	le traitement / en forme / tu / arrêteras / tu / lorsque / seras

....

5.	vous / reprendre / pouvez / vous / mieux / vous / maintenant / sentez / que / le travail

....

6.	la fièvre / resté / jusqu'à / je / disparaisse / ce / suis / que / près de lui

....

10 **Transformez.**
	(Attention aux temps.)

Informer
sur le moment

Dans la presse

1.	Les voleurs ont passé deux mois en prison et après ils ont été jugés.
	Les voleurs ont été jugés après avoir passé deux mois en prison.

2.	Le jury a longtemps discuté, puis il a annoncé sa décision.

....

3.	Les étudiants seront reçus par le ministre et après ils mettront peut-être fin à la grève.

....

4.	Les ministres ont discuté longtemps puis ils se sont mis d'accord.

....

5.	Le champion est resté absent deux mois et après il a repris la compétition.

....

6.	L'autoroute a été plusieurs mois en travaux et elle est de nouveau ouverte à la circulation.

....

BILAN

1 **Soulignez la conjonction correcte.**

1.	Il est parti **après que/avant que** les journalistes ne lui posent des questions.
2.	Les gens l'ont reconnu **avant qu'/depuis qu'**il ait réussi à fuir.
3.	Ils l'ont attendu **aussitôt qu'/jusqu'à ce qu'**il sorte.
4.	**Avant que/Jusqu'à ce que** les gardes du corps puissent intervenir, les spectateurs étaient montés sur scène.
5.	Les gens ont continué à applaudir **après que/jusqu'à ce que** l'on éteigne la salle.
6.	Il a signé des autographes **après que/tant que** le spectacle a fini.

2 Complétez.

au fur et à mesure que   au début de   depuis   chaque fois que

pendant   dès que   jusqu'à ce que   depuis que

Mon amour,

La maison est si vide .... (1) tu es parti.
.... (2) j'entends un bruit, je crois que c'est toi qui arrives
mais .... (3) j'arrive à la porte, je me rends compte que
c'est impossible. .... (4) les jours passent, mon espoir
de te voir rentrer diminue. Tu sais que je ne pourrai pas vivre pleinement
.... (5) tu reviennes. .... (6) notre
relation, tu me promettais un amour éternel, et .... (7)
un certain temps, tu as été sincère je crois, mais .... (8)
quelques mois, je sentais ton désir de reprendre ta liberté. Je ne peux accepter
ce silence. Je t'aime et je t'attends.

Huguette

| en attendant de | il y a | avant | au cours de | avant que | une fois que | jusqu'à ce que |

Huguette,

J'ai reçu ta lettre .... (9) plusieurs semaines déjà. Je suis désolé pour toi mais .... (10) avoir retrouvé un équilibre personnel, je ne veux pas te voir. J'ai préféré partir .... (11) il soit trop tard pour moi. .... (12) notre vie commune, j'ai voulu plusieurs fois te quitter et je peux te dire que, si je devais revenir, ce ne serait pas .... (13) longtemps. Ne t'occupe pas de ma vie et .... (14) tu auras accepté que nous n'avons plus rien en commun, tout te sera plus facile .... (15) tu rencontres un homme digne de ton amour. Ne m'écris plus.

Mathias

3 **Complétez.**

| jusqu'à ce que | pour | jusqu'à | au cours de | en |
| au fur et à mesure que | pendant | aussitôt que | vers | tant que |

Anne était de passage à Paris .... (1) quelques jours seulement.

.... (2) une soirée à l'ambassade, elle a fait la connaissance

d'un journaliste anglais, Peter. .... (3) il l'a vue, il a été séduit.

Il est resté .... (4) la fin de la réception. Elle l'a retrouvé

.... (5) minuit à la porte du jardin et .... (6)

toute la nuit, ils se sont promenés dans les rues de la ville. .... (7) que

les heures passaient, Anne et Peter redoutaient le moment où ils devraient se quitter. Ils sont

restés ensemble .... (8) le jour se lève. Ils étaient tombés amoureux l'un

de l'autre .... (9) quelques heures. « .... (10)

je vivrai, je garderai en moi le souvenir de ces doux moments passés ensemble... »

CHAPITRE 14

LA CAUSE,
LA CONSÉQUENCE, LE BUT

➤ Donner une explication ➤ Indiquer une conséquence ➤ Conseiller

A   L'EXPRESSION DE LA CAUSE

PRÉPOSITIONS	EXEMPLES
À cause de, grâce à, en raison de, faute de, par manque de, vu, étant donné, sous prétexte de, à force de.	Il a trouvé du travail **grâce à** ses relations. Il n'est pas venu **faute de** temps. **Vu** l'état des routes, il vaut mieux ne pas partir. **À force de** manger, tu vas devenir énorme.

Attention !
• *Faute de* et *à force de* peuvent être suivis d'un nom ou d'un infinitif.
• *En raison de* est formel.

1   Soulignez la réponse correcte.

Donner une explication

1.   **Faute de/Sous prétexte de** moyens financiers, on a arrêté l'émission.
2.   **Vu/Par manque de** l'heure de programmation tardive, personne ne la regardait.
3.   La diffusion de ce programme continuera **étant donné/à cause de** son succès.
4.   Le match a été retransmis **grâce à des/en raison de** moyens techniques incroyables.
5.   **Faute de/À force de** commencer ses émissions avec du retard, la chaîne n'est plus autant regardée.
6.   Cette chaîne perd des téléspectateurs **à cause des/à force des** coupures publicitaires
     trop fréquentes.
7.   Les deux animateurs ont été renvoyés **à force d'/sous prétexte d'**une baisse d'audience.
8.   Il n'y a pas eu de journal télévisé **grâce à/en raison d'**une grève.

2   Complétez.

Donner une explication

~~grâce à~~   à cause de   faute de   par manque de   grâce à   à force de   étant donné   vu   à force de

1.   Il a réussi *grâce à* ses bonnes notes en histoire.
2.   Vous avez échoué .... la philosophie : vous avez eu 4 sur 20.
3.   .... efforts, tu devras repasser ton examen en septembre.
4.   .... travailler, il a obtenu son diplôme.
5.   Je n'ai pas pu répondre à toutes les questions .... temps.
6.   Cette année, elle a été reçue .... la chance.

La cause, la conséquence, le but

7. Il a eu son baccalauréat .... travail.

8. Je ne pourrai pas me présenter à ce concours .... mon âge.

9. .... mon niveau en mathématiques, j'ai raté mon examen.

3 **Mettez dans l'ordre.**

Donner
une explication

Informations municipales

1. fêtes de Noël / en / la mairie / fermée / des / sera / raison.

   La mairie sera fermée en raison des fêtes de Noël.

2. sera / la nouvelle piscine / ne / construite / faute / pas / de / moyens financiers.

   ....

3. cause / de / la gendarmerie / de / s'est envolé / à / la tempête / le toit.

   ....

4. employés municipaux / des / étant donné / la cantine / ne / pas / la grève / fonctionnera.

   ....

5. à / l'incendie / des pompiers / a été éteint / grâce / l'intervention.

   ....

6. les difficultés / le projet / sera / rencontrées / abandonné / vu.

   ....

CONJONCTIONS	EXEMPLES
Parce que/Car	Je ne t'ai pas écrit **parce que/car** je n'avais pas ton adresse.
Comme	**Comme** il est seul pour le réveillon, on l'invite.
Puisque	— Tu sais, Thomas a de la fièvre. — **Puisqu'**il a de la fièvre, il n'ira pas à l'école aujourd'hui.
Sous prétexte que	Elle n'a pas voulu sortir **sous prétexte qu'**il faisait trop froid.
Étant donné que	**Étant donné que** les loyers ne cessaient d'augmenter, j'ai quitté Paris pour la banlieue.

Attention !
• *Car* est surtout utilisé à l'écrit et n'est jamais placé en début de phrase.
• *Comme* est toujours placé en début de phrase.
• Si une conjonction est suivie de deux propositions, on ne répète pas la conjonction, on utilise *que* :
Comme il fait beau et *que* nous avons le temps, allons nous promener.

4 **Finissez les phrases avec *puisque*.**

Conseiller

1.   – Je ne me sens pas bien, j'ai mal à la gorge.

   – Bon, alors on ne sort pas ***puisque tu as mal à la gorge***.

2.   – Oh ! là ! là ! j'ai la tête qui tourne !

   – Assieds-toi, ...

   ....

3.   – Ça y est, j'ai de la fièvre !

   – Eh bien, va te coucher ....

   ....

4.   – Ça ne va pas, j'ai des vertiges !

   – Écoute, restons là ....

   ....

5.   – Je ne sais pas ce qui se passe, j'ai des nausées.

   – Bon, ce soir tu ne dîneras pas ....

   ....

6.   – J'ai très, très mal au dos.

   – Reste allongée ....

   ....

7.   – Je me sens fatiguée !

   – Prends rendez-vous chez le docteur ....

   ....

5 **Complétez avec *pourquoi, parce que, comme* ou *puisque*.**

Donner une explication

L'ENFANT. – Maman, ***pourquoi*** (1) est-ce que je ne peux pas vivre dans l'eau comme les poissons ?

LA MÈRE. – .... (2) tu ne pourrais pas respirer dans l'eau !

L'ENFANT. – Mais .... (3) je peux respirer dans l'air, je peux respirer dans l'eau !

LA MÈRE. – Non, tu ne peux pas, ... (4) il faut des branchies.

Et .... (5) toi, tu n'as pas de branchies, ce n'est pas possible !

L'ENFANT. – Des branchies ? Qu'est-ce que ça veut dire ? .... (6)

je n'ai pas tout ça, moi, ... (7) je sais nager ?

LA MÈRE. – Écoute, ... (8) je ne peux pas te l'expliquer, va demander à papa !

L'ENFANT. – .... (9) à papa ?

LA MÈRE. – .... (10) il a réponse à tout !

6 Complétez avec *grâce à, à force de, car,*
sous prétexte que, à cause de ou *étant donné que.*

1. Il a été licencié *car* la société a fait faillite.
2. .... chercher, j'ai réussi à retrouver un emploi.
3. On l'a mis à la porte .... l'entreprise était en difficulté ;
   moi, je crois plutôt que c'était .... son âge !
4. Vous avez été embauché .... vos diplômes.
5. .... le chômage a baissé, les jeunes trouvent plus facilement
   un emploi.
6. Mon mari a pu changer de métier .... son stage d'informatique.
7. Son licenciement n'est pas justifié .... l'entreprise fait des bénéfices.
8. .... être absent, tu vas perdre ton travail !
9. La direction ne veut pas lui donner le poste .... elle n'a pas les
   compétences ; en réalité, c'est .... son caractère.
10. .... la situation économique s'améliore, les entreprises recrutent.

B L'EXPRESSION DE LA CONSÉQUENCE

MOTS DE LIAISON	EXEMPLES
Alors, donc, c'est pour ça que, c'est pour cela que, c'est pourquoi, c'est la raison pour laquelle, par conséquent, du coup.	Je dormais, **c'est pour ça que** je n'ai pas entendu le téléphone. Il y avait une promotion sur les portables, **du coup** j'en ai acheté un.

Attention !
• *Alors, c'est pour ça que, du coup* sont surtout utilisés à l'oral.
• *C'est la raison pour laquelle, c'est pour cela que* sont formels.
• *Du coup* est utilisé quand la conséquence est inattendue.

7 Soulignez la conséquence et faites des phrases.

Changement de programme

1. J'ai gagné au loto. **Je me suis offert une croisière aux Caraïbes. (alors)**
   J'ai gagné au loto alors je me suis offert une croisière aux Caraïbes.
2. Toute la famille est restée là. Mon fils s'est cassé une jambe. **(du coup)**

   ....

3. Les avions étaient complets. Ils ont pris le train. (**donc**)

   ....

4. Son entreprise ferme en août. Il viendra avec nous en Italie au lieu de travailler.
   (**c'est pour ça que**)

   ....

5. Nous irons camper. Nous n'avons pas assez d'argent pour nous payer l'hôtel. (**alors**)

   ....

6. Aucun train ne circulera le 20 décembre. Les passagers doivent modifier leur date de départ.
   (**par conséquent**)

   ....

7. Nous avons finalement décidé d'aller faire du ski. Il a beaucoup neigé. (**c'est pourquoi**)

   ....

CONJONCTIONS		EXEMPLES
Si bien que, **à tel point que**, **au point que**, **si / tellement (de) … que**.	**+ indicatif**	Les fêtes m'ont fatigué **au point que** je suis tombé malade. Les enfants ont reçu **tellement de** cadeaux **qu**'ils ne savaient pas lequel ouvrir en premier.
Trop (de), **assez (de) … pour que**.	**+ subjonctif**	Il y avait **trop de** neige **pour qu**'on prenne la voiture.

Attention !
• Si les deux verbes ont le même sujet, **trop (de)**, **assez (de) … pour que** sont remplacés par **trop (de)**, **assez (de) … pour** + **infinitif** : *Il a **trop** bu **pour** conduire.*
• Si une conjonction est suivie de deux propositions, on ne répète pas la conjonction, on utilise **que** : *Nous sommes arrivés en retard **si bien que** nous avons raté le début du film et **que** nous n'avons rien compris.*

8 **Complétez avec une conjonction de conséquence.**

Indiquer une conséquence

Les lendemains de fête

1. Bernard a avalé *tellement de* chocolats *qu*'il a eu une crise de foie.

2. Les enfants se sont couchés .... tard ....
   ils ont dormi tout le dimanche.

3. J'ai beaucoup mangé .... je vais me mettre au régime pendant
   au moins une semaine.

4. Nous avons .... chanté .... nous n'avons plus de voix.

5. Aujourd'hui, je suis ....
    fatiguée .... faire la cuisine :
    on finira les restes.
6. La maison était ....
    en désordre .... on puisse tout
    ranger.
7. Nous avons dansé comme des fous
    .... j'ai mal aux pieds.
8. Il reste .... choses
    à manger .... je ne sois
    pas obligée d'aller faire des courses.

9 **Soulignez la conséquence et faites des phrases.**
   (Attention aux transformations.)

1. L'émission était intéressante. <u>**Elle a été suivie par plusieurs millions
    de personnes**</u>. **(tellement... que)**
    *L'émission était tellement intéressante qu'elle a été suivie par plusieurs millions
    de personnes.*
2. J'ai écrit au courrier des lecteurs. Je n'étais pas d'accord avec le journaliste. **(si bien que)**
    ....
3. Le dossier était incomplet. Le journal a reçu beaucoup de lettres de protestation.
    (à tel point que)
    ....
4. Les images sont violentes. On ne peut pas les montrer au journal télévisé.
    (trop ... pour que)
    ....
5. Les chaînes passent beaucoup de publicité. Les téléspectateurs sont mécontents.
    (tellement de ... que)
    ....
6. Les articles sont longs. Ils n'intéressent pas les lecteurs. **(trop ... pour)**
    ....
7. Le journaliste donne des détails. Les auditeurs sont bien informés. **(assez ... pour que)**
    ....

C L'EXPRESSION DU BUT

PRÉPOSITIONS ET CONJONCTIONS		EXEMPLES
Pour, de peur de	**+ nom**	Elle a mis de l'argent de côté **pour** ce voyage.
Afin que, pour que, de peur que	**+ subjonctif**	Il m'a prêté de l'argent **pour que** je puisse partir en vacances.

Attention !
• Si les deux verbes ont le même sujet, *pour que*, *afin que*, *de peur que* sont remplacés par *pour*, *afin de*, *de peur de* + **infinitif** : *Il a emprunté de l'argent de peur de ne pas en avoir assez.*
• Si une conjonction est suivie de deux propositions, on ne répète pas la conjonction, on utilise *que* : *Je t'appellerai dès mon arrivée pour que tu ne t'inquiètes pas et que tu dormes tranquillement.*

10 Soulignez la forme correcte.

Conseiller

1. Mets des champignons dans ta sauce **pour que/de peur que** ce soit meilleur.

2. Ajoute un peu d'ail **afin de/de peur de** donner un peu de goût.

3. Ne laissez pas ce plat trop longtemps au four **de peur que/afin que** ce soit sec.

4. Je vous conseille de mettre du piment **pour que/de peur que** ce soit bien relevé.

5. N'oubliez pas de peser chaque ingrédient **afin que/de peur de** vous tromper dans les quantités.

6. Servez ce dessert au dernier moment **afin de/de peur que** la glace fonde.

7. Saupoudrez le gâteau de sucre glace **pour/pour que** la décoration.

11 Complétez avec *pour, afin que, de peur que* ou *de peur de.*

Conseiller

1. Respectez les limites de vitesse *pour* votre sécurité et celles des autres conducteurs.

2. Il vaut mieux partir avant seize heures .... éviter les embouteillages.

3. Arrêtez-vous toutes les deux heures .... toute la famille puisse se reposer.

4. Gonflez bien les pneus .... la voiture ait une bonne tenue de route.

5. Si vous allez en montagne en hiver, emportez vos chaînes .... trouver de la neige.

6. Évitez de laisser un bébé dans une voiture, en plein soleil, ... il se déshydrate.

7. Pensez à vérifier vos phares .... les autres conducteurs ne soient pas éblouis.

8. Avant de partir, pensez à faire le plein d'essence .... ne pas trouver de station ouverte.

BILAN

1 **Soulignez le mot correct.**

Superstitions

Comme/Sous prétexte que (1) les Français sont souvent superstitieux, il faut
donc/c'est pourquoi (2) faire attention **pour/de peur de** (3) ne pas commettre d'erreurs :

– N'ouvrez jamais un parapluie dans une maison **de peur d'/afin d'** (4) attirer le malheur.

– Évitez de passer sous une échelle **car/étant donné que** (5) vous pourriez être victime d'un
accident.

– Si vous trouvez un trèfle à quatre feuilles, **donc/alors** (6) gardez-le : **grâce à/à cause de** (7) lui,
le bonheur vous sourira.

– Le chiffre 13 porte malheur **à cause d'/faute d'** (8) une vieille légende nordique,
par conséquent/si bien que (9) ne soyez jamais treize à table !

– Certains pensent que le vendredi 13 porte chance ; **du coup/car** (10) ils ne jouent au loto que
ce jour-là. D'autres pensent que c'est un jour **tellement/trop** maléfique **qu'/pour qu'** (11) il vaut
mieux éviter de sortir de chez soi.

– Lorsque vous faites un vœu, n'oubliez jamais de croiser les doigts **de peur qu'/afin qu'** (12) il
soit exaucé.

– On dit qu'un fer à cheval porte bonheur **à tel point qu'/c'est pour cela qu'** (13) il faut
en accrocher un au-dessus de la porte d'entrée de la maison.

– On dit que les sorcières se transforment en chats noirs **pour/à force de** (14) sortir la nuit
de peur que/si bien que (15) si l'un d'eux traverse devant vous, cela porte malheur.

2 **Complétez le dialogue.**

à force de	de peur que	parce que	pour que	trop ... pour
alors	à cause de	comme	donc	du coup	sous prétexte que
pour	tellement de ... que	ce n'est pas pour ça que	grâce à

EMMANUEL. – Tiens, ... (1) c'est notre anniversaire de mariage,
on pourrait partir en week-end, non ?

ANNIE. – Tu sais, j'ai .... choses à faire .... (2)
je ne crois pas que ce soit une bonne idée ! Et puis, il fait ....
mauvais en cette saison .... (3) voyager. Tu te souviens, l'année dernière,
.... (4) la pluie, on n'a pas pu sortir de l'hôtel.

La cause, la conséquence, le but — Bilan

EMMANUEL. – La pluie ? Non, ... (5) nous ne sommes pas sortis.

Nous n'avons pas mis le nez dehors .... (6) tu abîmes tes chaussures

neuves ! Je t'ai .... (7) proposé de t'offrir une paire de bottes

et .... (8) aucun modèle ne te plaisait, tu n'as pas voulu en acheter.

.... (9), sans chaussures évidemment, pas question de sortir.

Je ne sais vraiment plus quoi faire .... (10) tu sortes de la maison !

ANNIE. – Et pourquoi ne pas sortir en amoureux ? Juste une petite soirée en ville !

EMMANUEL. – .... (11) je vais tous les jours au restaurant et

qu' .... (12) y aller, j'en ai assez !

ANNIE. – Et .... (13) moi, je dois m'en priver. Quel égoïste !

Tu pourrais faire un effort quand même ! Tu oublies que c'est .... (14)

moi que tous les matins tu as une chemise propre .... (15) aller

au bureau !

EMMANUEL. – Ça y est, ça recommence !

---

3 **Dites si le verbe est à l'indicatif (*I*) ou au subjonctif (*S*)
et soulignez la conjonction de cause, de conséquence ou de but.**

Comme le vent souffle (......) (1) très fort, personne ne sort, de peur que les tuiles s'envolent
(......) (2) et que les cheminées tombent (......) (3), si bien que la ville semble (......) (4) abandonnée.

Depuis huit jours, il pleut tellement que les rivières sortent (......) (5) de leur lit et qu'elles
inondent (......) (6) tout, à tel point que les habitants attendent (......) (7), désespérés.

Après cet ouragan, pour que la forêt retrouve (......) (8) sa densité, il faudra beaucoup de temps
car un arbre repousse (......) (9) en deux générations au moins ; c'est pourquoi dans ma région
les paysans disent (......) (10) toujours, quand ils plantent un olivier, que c'est pour que
leurs petits-enfants connaissent (......) (11) la nature.

L'HYPOTHÈSE
ET LA CONDITION

➤ Formuler une hypothèse ➤ Conseiller ➤ Exprimer une condition
➤ Formuler un projet, une promesse ➤ Exprimer un regret, un reproche

A L'HYPOTHÈSE DANS LA PHRASE AVEC *SI*

FORMES		EXEMPLES
Si + présent	présent futur impératif	**Si** j'**obtiens** une augmentation, nous **déménagerons**.
Si + imparfait	conditionnel présent conditionnel passé	**Si** j'**étais** riche, j'**aurais pu** acheter tous les vêtements qui me plaisaient.
Si + plus-que-parfait	conditionnel passé conditionnel présent	**S'il avait gagné** le gros lot, il **n'habiterait plus** dans ce petit studio.

Attention !
• Devant **il(s)**, **si** devient **s'** : *Je passerai chez vous **s'**il le faut.*
• **Si** + **imparfait** + **conditionnel passé** s'utilise seulement quand le verbe à l'imparfait exprime une habitude ou un état permanent : *Si je parlais espagnol, j'aurais pu discuter avec ton ami colombien.*

1 Conjuguez les verbes au présent ou au futur.

Exprimer une condition

Les prochaines vacances

1. S'il *fait* **(faire)** beau et chaud, nous .... **(dormir)** sur la terrasse.

2. On .... **(comprendre)** les gens du pays visité si on .... **(apprendre)** leur langue.

3. Si nous .... **(avoir)** assez d'argent, nous .... **(s'offrir)** les meilleurs hôtels.

4. Tu .... **(prendre)** de belles couleurs si tu .... **(rester)** allongée au soleil.

5. Si vous .... **(s'inscrire)** aux activités du club, vous .... **(ne pas s'ennuyer)**.

6. Il est évident que, s'ils .... **(prendre)** l'avion, ils .... **(être)** moins fatigués.

L'hypothèse et la condition

2 **Complétez avec le temps correct.**

– Qu'est-ce que vous *feriez* (1) **(faire)** si vous

.... (2) **(avoir)** une baguette magique ?

– Je .... (3) **(mettre)** un sourire

sur tous les visages.

– Et si vous .... (4) **(connaître)**

l'avenir du monde ?

– Je .... (5) **(ne rien dire)** à personne.

Ce .... (6) **(être)** une trop grande

responsabilité !

– Comment est-ce que vous .... (7)

(réagir) si l'Histoire .... (8) **(faire)**

marche arrière ?

– Oh ! là ! là ! quelle question ! Je crois que je .... (9) **(se réjouir)**

car je .... (10) **(pouvoir)** peut-être alors faire en sorte que les catastrophes

ne se reproduisent plus.

– Et une dernière question. Si vous .... (11) **(pouvoir)** vivre une deuxième vie ?

– Je .... (12) **(ne rien changer)**. Je ne suis pas mécontent de mon sort !

3 **Transformez.**

1. J'aurais réussi mon concours. **(avoir eu un point de plus)**

    Si j'avais eu un point de plus, *j'aurais réussi mon concours*.

2. Elle aurait pu être acceptée dans cette école. **(avoir mieux préparé son dossier)**

    Elle aurait pu être acceptée dans cette école ....

3. Nous aurions de meilleurs résultats. **(étudier plus)**

    ...., nous aurions de meilleurs résultats.

4. J'aurais fait des études supérieures. **(avoir obtenu une bourse)**

    ...., j'aurais fait des études supérieures.

5. Elle n'aurait pas eu son bac. **(ne pas avoir pris de cours particuliers)**

    Elle n'aurait pas eu son bac ....

6. Vous auriez répondu à toutes les questions. **(avoir été attentifs en cours)**

    ...., vous auriez répondu à toutes les questions.

4 Transformez.

Exprimer
un regret,
un reproche

1. Je n'étais pas au courant. Je ne suis pas venu.

   Si j'avais été au courant, je serais venu.

2. Ils n'ont pas réussi. Ils ont recommencé.

   ....

3. Nous étions malades. Nous n'avons pas pu sortir.

   ....

4. Tu n'as pas prévenu. Elle est restée seule.

   ....

5. On a eu peur. On n'est pas sortis.

   ....

6. Vous êtes arrivés trop tard. Vous n'avez pas vu le début.

   ....

7. Je n'avais pas mon agenda. Je n'ai pas pu les appeler.

   ....

B LA CONDITION

PRÉPOSITIONS ET CONJONCTIONS		EXEMPLES
À défaut de, à moins de, à condition de, en cas de.		**À moins d'**un imprévu, nous partirons à 17 heures. Je prendrai des congés supplémentaires **à condition d'**obtenir l'autorisation de mon directeur.
Au cas où	**+ conditionnel**	**Au cas où** on te proposerait de changer de poste, tu accepterais ?
À condition que, en supposant que, à moins que	**+ subjonctif**	Nous vous emmenons avec nous **à moins que** vous ne puissiez pas venir.
Sauf si, excepté si	**+ indicatif**	Je ne veux pas sortir ce soir **sauf si** tu y tiens vraiment.

Attention !
Si les deux verbes ont le même sujet, on utilise **à condition de** + infinitif et **à moins de** + infinitif.

5 Transformez avec *au cas où*.

Conseiller

1. Prenons nos parapluies, il risque de pleuvoir.

    Prenons nos parapluies *au cas où il pleuvrait*.

2. Prévoyez des vêtements chauds, il risque de faire froid.

    Prévoyez des vêtements chauds ....

3. Écoutons la radio, la météo va peut-être annoncer du mauvais temps.

    Écoutons la radio ....

4. Demandons l'aide d'un guide, ce sera peut-être dangereux.

    Demandons l'aide d'un guide ....

5. Préparons des sandwichs, nous ne trouverons peut-être pas de restaurant ouvert.

    Préparons des sandwichs ....

6. Ne prenons pas l'autoroute, il risque d'y avoir des embouteillages.

    Ne prenons pas l'autoroute ....

7. Réservez vos places, ça risque d'être complet.

    Réservez vos places ....

8. Prends de la crème solaire, il risque de faire très beau.

    Prends de la crème solaire ....

6 Transformez avec *à condition que*.

Exprimer
une condition

1. Je te prête ce CD, mais tu dois y faire très attention.

    Je te prête ce CD *à condition que tu y fasses très attention*.

2. Je veux bien sortir si nous rentrons tôt.

    Je veux bien sortir ....

3. Je veux bien vous écouter mais vous devez être bref.

    Je veux bien vous écouter ....

4. Je veux bien te laisser ma voiture si tu reviens avant 6 heures.

    Je veux bien te laisser ma voiture ....

5. Je t'apporterai ce livre, mais tu devras me le rendre rapidement.

    Je t'apporterai ce livre ....

6. Je suis d'accord pour vous laisser la maison si tout est propre quand je reviens.

    Je suis d'accord pour vous laisser la maison ....

7 **Transformez les phrases avec** *à condition de* **et l'infinitif présent ou passé.**

1. Tu auras des bonbons si tu es sage.

    Tu auras des bonbons *à condition d'être sage.*

2. Vous sortirez si vous avez fini vos exercices.

    Vous sortirez ....

3. Tu pourras goûter si tu m'aides un peu.

    Tu pourras goûter ....

4. Vous irez jouer si vous écoutez votre maman.

    Vous irez jouer ....

5. Tu regarderas la télé si tu as appris ta poésie.

    Tu regarderas la télé ....

6. Il mangera son dessert quand il aura terminé ses pâtes.

    Il mangera son dessert ....

7. Ils auront tout ce qu'ils veulent s'ils m'obéissent.

    Ils auront tout ce qu'ils veulent ....

8 **Complétez avec** *à condition que*, *à condition de*, *à moins que* **ou** *à moins de*.

Nous achèterons cette maison de campagne :

1. *à condition que* le propriétaire veuille bien baisser le prix,

2. .... les enfants ne l'aiment pas,

3. .... nous soyons sûrs d'en profiter,

4. .... ne pas obtenir le crédit de la banque,

5. .... il faille cinq heures pour y aller,

6. .... avoir le permis de construire une véranda,

7. .... les travaux de restauration soient trop importants,

8. .... tu dises « oui » tout de suite !

9 Soulignez la forme correcte.

1. Je serai libre à 5 heures **à moins d'/à condition d'**un imprévu.

2. L'architecte ne sera pas à la réunion **à moins que/au cas où** nous réussissions à le prévenir.

3. Notre rendez-vous est reporté à lundi **en supposant que/sauf si** les syndicats annoncent une nouvelle grève.

4. Je préférerais la semaine prochaine **excepté si/à moins que** cela ne vous convient pas.

5. Elle viendra avec plaisir **à moins d'/à défaut d'**un empêchement.

6. La visite du chantier sera annulée **en cas d'/sans** intempéries.

7. Nous prendrons une décision **en supposant qu'/à moins qu'**il y ait trop d'absents.

8. **Au cas où/Sauf si** j'aurais du retard, demandez à Hélène de me remplacer.

10 Complétez.

Exprimer une condition

au cas où   à condition de   sauf   à moins de

excepté si   à condition que   à moins que   en cas de

Avant le match de football

L'ENTRAÎNEUR. – Bon, alors, comme vous le savez, vous ne devez pas commettre la moindre erreur. On sera sélectionnés *à condition de* (1) remporter le match de demain. Et ce sera sans problème .... (2) vous vous laissez aller.

PREMIER JOUEUR. – Ne t'inquiète pas, on gagnera .... (3) il y ait des blessés. Et même, ... (4) il y en aurait, on a déjà prouvé qu'on pouvait gagner à 10 !

DEUXIÈME JOUEUR. – Oui, c'est vrai, ... (5) imprévu, on sera sélectionnés demain soir !

L'ENTRAÎNEUR. – Ne soyez pas si optimistes et n'oubliez pas : on passe seulement .... (6) les autres ne marquent pas un seul but. Ils le savent et seront préparés, eux aussi. Donc, ... (7) mener le match du début à la fin, nous risquons d'avoir des surprises !

PREMIER JOUEUR. – Allez, une chose est sûre, c'est que nous savons ce que nous ferons .... (8) victoire ! Une soirée au Lido !

L'hypothèse et la condition — Bilan

BILAN

1 **Complétez avec *si*, *à condition que* ou *à moins que*.**

– Alors, ça tient toujours ce voyage en Amérique latine ?

– Oui, ... (1) nous obtenions des visas.

– .... (2) on n'en a pas, on ne pourra pas partir ?

– Si, mais on ne pourra pas aller en Colombie.

– Et c'est difficile d'obtenir un visa pour la Colombie ?

– Non, ... (3) on veuille y rester plus d'un mois.

– Donc, ... (4) on veut y rester une semaine seulement, c'est possible ?

– Oui bien sûr, ... (5) nous nous y prenions à l'avance.

.... (6) on fait la demande dès maintenant, on aura les visas rapidement.

– Bon, ... (7) tu veux, je passe à l'ambassade demain,

.... (8) tu préfères y aller toi-même.

– Non, vas-y, je te donne mon passeport.

2 **Conjuguez le verbe au temps correct.**

PASCAL. – Alors, je lui demande une augmentation ou non, à mon patron ?

MARC. – Tu n'as rien à perdre, si tu ne lui .... (1) (**demander**) rien,

il ne te donnera rien.

PASCAL. – Et si je lui demandais seulement une prime, peut-être que ça .... (2)

(**passer**) mieux et qu'il me l'... (3) (**accorder**) à condition, bien sûr,

que je .... (4) (**pouvoir**) lui montrer mes résultats.

MARC. – Tu sais, s'il .... (5) (**vouloir**) t'offrir une prime, il l'aurait déjà

fait, il .... (6) (**ne pas attendre**) que tu viennes le voir. À moins de

.... (7) (**ne pas s'intéresser**) à son entreprise, tes résultats, il les connaît !

PASCAL. – Tu vois, si j'avais une petite augmentation de 10 % seulement, je

.... (8) (**ne plus avoir**) ces éternels problèmes d'argent, tout

.... (9) (**aller**) mieux. Tu te souviens, mes ennuis de voiture, l'année

dernière, si à ce moment-là, je .... (10) (**gagner**) un peu plus, je

.... (11) (**s'en acheter**) une autre et je .... (12)

(**ne pas avoir**) à prendre le métro.

MARC. – Et au cas où il .... (13) (**refuser**) de t'augmenter ou de te

donner une prime ?

PASCAL. – Démission immédiate ! Je veux bien rester, mais à condition seulement

d'... (14) (**être mieux payé**).

3 **Complétez.**

– Dis, tu as vu le nouveau règlement du collège ?

– Non, pourquoi ?

– Écoute quelques passages : « Il est interdit de monter dans les classes

.... (1) être accompagné par un professeur.

.... (2) un élève est surpris dans les couloirs, il sera puni. »

Ou encore : « .... (3) absence, un mot des parents est exigé.

.... (4) les absences seraient répétées et injustifiées, les parents seraient

convoqués. » Et ce n'est pas fini, je continue : « Tout élève peut être dispensé de sport

.... (5) un certificat médical soit présenté au professeur. » Je continue ?

– Oui, vas-y, j'écoute.

– « Les élèves ne pourront pas sortir avant la fin des cours .... (6)

les professeurs soient absents. Les retards ne seront pas tolérés .... (7)

motif exceptionnel ». Et je t'ai gardé le meilleur pour la fin : « Il sera possible de porter une

casquette dans la cour .... (8) la retirer en entrant dans les bâtiments. »

Ça va vraiment être le bagne !

– Mais non, ce n'est pas pire qu'avant. .... (9) tu obéis aux règles,

tout va bien !

➤ **OBJECTIF :** l'article, les adjectifs et pronoms indéfinis, les pronoms personnels compléments, les pronoms relatifs

➤ **THÈME :** une visite touristique

➤ **NOTE :** sur 100 points

1 Complétez avec un article, un pronom personnel complément ou un pronom relatif. Soulignez la forme correcte quand elle est proposée.

– Allez, viens, Carole, je vais .... (1) montrer **tous les/tous** (2) endroits intéressants

concernant .... (3) œuvre de Van Gogh. Regarde, là, c'est .... (4) célèbre

église .... (5) tu connais certainement.

– Ah oui ! Je sais, elle est .... (6) musée d'Orsay !

– Oui, et maintenant on continue sur **chaque/la même** (7) route et on va arriver là

.... (8) Van Gogh est enterré à côté de son frère Théo. .... (9)

deux tombes sont recouvertes **de/du** (10) lierre.

– Oui, c'est bizarre, mais on .... (11) reconnaît facilement.

– Allez, viens, on va prendre ce chemin à travers .... (12) fameux champs

.... (13) blé peints par Van Gogh. Oh ! Il y a même **quelques/quelques-uns** (14) oiseaux

noirs comme dans **certains/tous** (15) de ses tableaux.

– On prend quel chemin maintenant ?

– **N'importe quel/N'importe lequel** (16), on redescend et on va voir .... (17)

auberge .... (18) il a habité.

– **Quelqu'un/Chacun** (19) .... (20) habite encore ?

– Je ne sais pas, mais tu peux .... (21) visiter, on voit juste .... (22)

petite chambre. Et pour finir, en face, tu as .... (23) mairie .... (24)

il a fait .... (25) dernier tableau peu **de/des** (26) jours avant sa mort.

– C'est intéressant, cette façon de présenter ce .... (27) Van Gogh a fait.

Chacun/Chaque (28) de ses tableaux est associé à .... (29) lieu précis .... (30)

il a vécu. C'est incroyable !

..	**sur 30**

2 Complétez avec un pronom personnel complément ou un pronom relatif et accordez le participe passé si nécessaire.

– C'est qui exactement les Impressionnistes ?

– Ce sont des peintres européens .... (1) ont vécu..... (2) au XIXe siècle et .... (3)

ont inventé..... (4) un nouveau style. À l'époque, on .... (5) a beaucoup critiqué..... (6).

– Pourquoi ?

– On .... (7) a beaucoup reproché..... (8) les thèmes .... (9)

ils ont choisi..... (10) et la façon .... (11) ils .... (12) ont réalisé..... (13).

En fait, c'est leur originalité .... (14) les peintres « officiels » n'ont pas apprécié..... (15).

– Pourquoi ? Les thèmes .... (16) les Impressionnistes se sont intéressé..... (17) étaient

choquants ?

– Pour nous, non, mais pour la société dans .... (18) ils vivaient, oui.

– Pourquoi on .... (19) a donné..... (20) ce nom d'Impressionnistes ?

– Parce que, ce .... (21) ils ont peint..... (22), ce n'est pas la représentation exacte

de la réalité, mais les impressions .... (23) ils en avaient : les couleurs, la lumière,

le mouvement, etc.

– Et des tableaux, ils .... (24) ont vendu beaucoup ?

– De leur vivant, non, mais on .... (25) vend très cher aujourd'hui.

.. **SUR 25**

3 Complétez avec un article, un pronom personnel complément
ou un pronom relatif et soulignez la forme correcte.

Bonjour,

Samedi dernier, je suis allé à Auvers-sur-Oise, ... (1) petite ville
de .... (2) région parisienne, très connue parce que **plusieurs/chaque** (3)
peintres impressionnistes .... (4) ont habité et travaillé. **Toute/Tout** (5) la ville
est consacrée à .... (6) peinture. Il y a beaucoup **de/des** (7) galeries
et j'ai même vu .... (8) peintres installés dans .... (9) rues.
Mais, tu ne .... (10) sais peut-être pas, Auvers est surtout célèbre parce que
Van Gogh .... (11) a passé .... (12) deux derniers mois de sa vie.
Quand on parle de cette ville, on pense tout de suite à .... (13).
On découvre le cadre dans .... (14) il a peint **quelques/quelques-unes** (15)
de ses toiles. Ce .... (16) est incroyable, c'est que devant **chacun/chaque** (17) sujet,
il y a .... (18) reproduction .... (19) tableau original et comme ça,
on peut comparer avec .... (20) réalité. C'est .... (21) promenade fabuleuse.
Il y a aussi .... (22) château musée dans .... (23) il y a .... (24)
reproductions. C'est quand même passionnant car ils expliquent **tout/tous** (25)
en détail.
À bientôt,

P.S. Regarde le prospectus que j'ai rapporté.   Rémy

.. | **SUR 25**

4 Complétez avec un article, un pronom personnel complément
ou un pronom relatif et soulignez la forme correcte.

Auvers sur Oise : .... (1) ville de .... (2) magie impressionniste !

Vous .... (3) revivrez .... (4) vie de **certains/tous** (5) des plus grands peintres

.... (6) XIXe siècle. Vous .... (7) sentirez peindre, marcher, rire et souffrir...

Vous n'oublierez jamais .... (8) atmosphère de **chaque/chacun** (9) endroit .... (10)

ils sont passés. .... (11) très grande émotion .... (12) saisira quand vous vous

promènerez dans .... (13) campagne .... (14) Van Gogh a peinte, quand vous visiterez

.... (15) auberge Ravoux et que vous arriverez .... (16) cimetière. **Tous/Tout** (17)

est beau : .... (18) rues, ... (19) maisons... Ce sera pour vous .... (20) journée

inoubliable !

.. | **SUR 20**

TOTAL | .. **SUR 100**

➤ **OBJECTIF :** l'infinitif, les temps du passé, le futur, le subjonctif, le conditionnel, le passif, le discours rapporté

➤ **THÈME :** le sport

➤ **NOTE :** sur 100 points

---

1 **Conjuguez les verbes et soulignez la forme correcte de l'infinitif.**
(Attention aux formes passives et à l'accord du participe passé.)

Petite histoire du rugby

D'après la légende, le rugby .... (1) **(naître)** au collège de la ville de Rugby en Grande-Bretagne en 1823. C'est en jouant avec un ballon de football dégonflé dans lequel les élèves .... (2) **(ne plus pouvoir)** shooter que l'idée leur .... (3) **(venir)** de **l'avoir pris/le prendre** (4) avec les mains pour **l'avoir transporté/le transporter** (5) dans les buts d'en face après **avoir évité/éviter** (6) leurs adversaires qui .... (7) **(tenter)** tout pour les arrêter. Pourtant, bien avant 1823, il .... (8) **(exister)** un jeu appelé la soule qui .... (9) **(ressembler)** à ce que l'on .... (10) **(appeler)** plus tard le rugby. La soule .... (11) **(pratiquer)** autrefois dans les campagnes françaises par les villageois qui .... (12) **(s'opposer)** dans des combats violents. Ces combats .... (13) **(se terminer)** parfois par la mort d'un homme. Le rugby .... (14) **(devenir)**, avec la création de la Rugby Football Union d'Angleterre en 1871, un sport national avec des règles très précises. Ce sport .... (15) **(s'exporter)** très vite dans les colonies britanniques avant **d'arriver/d'être arrivé** (16) en France dans les années 1880-1890. Dès 1900, le rugby .... (17) **(devenir)** un sport olympique. Aujourd'hui, c'est surtout dans le sud-ouest de la France que ce sport .... (18) **(se développer le plus)**. Le rugby .... (19) **(compter)** aussi de très nombreuses équipes à travers le monde entier, mais beaucoup .... (20) **(pratiquer)** ce sport pour se défouler !

| .. | **SUR 20** |

2 Conjuguez les verbes.
(Attention aux formes passives et à l'accord du participe passé.)

Football

On parle de plus en plus de l'utilisation de la vidéo pour aider les arbitres à prendre leurs décisions. Qu'en pensez-vous ? Voici quelques réponses de nos lecteurs :

« Il est indispensable que les arbitres .... (1) **(pouvoir)** utiliser la vidéo car je .... (2) **(penser)** que le jeu .... (3) **(aller)** beaucoup trop vite et qu'ils .... (4) **(ne pas avoir)** le temps de voir tout ce qui se passe sur le terrain. À leur place, je .... (5) **(paniquer)** et je .... (6) **(ne pas supporter)** d'être toujours critiqué. »

RÉMI, Paris.

« Je crois que le problème .... (7) **(se situer)** à un autre niveau : ce .... (8) **(être)** mieux de punir davantage les joueurs qui trichent, qui simulent ou qui sont violents. »

CLÉMENT, Marseille.

« Je ne crois pas que l'arbitre .... (9) **(avoir)** besoin de la vidéo ; il .... (10) **(falloir)** simplement que plus de responsabilités .... (11) **(donner)** aux deux autres arbitres comme au basket, par exemple. »

DJAMEL, Bordeaux.

« Vous pouvez imaginer un match de football où l'arbitre .... (12) **(consulter)** toutes les dix minutes la vidéo ? Ce .... (13) **(être)** trop lent pour les spectateurs. Cela .... (14) **(perdre)** tout l'intérêt ! En tout cas, moi, c'est sûr, je ne le .... (15) **(regarder)** pas ! »

CHRISTIAN, Rennes.

« Je doute que la solution .... (16) **(donner)** par la vidéo. Même avec la vidéo, une même action .... (17) **(ne pas juger)** de la même façon par tous. Cela .... (18) **(provoquer)** encore d'autres discussions. »

JULIEN, Lille.

« Au lieu de discuter dans le vide, peut-être qu'on .... (19) **(pouvoir)** faire des essais et après on .... (20) **(prendre)** une décision ! »

MARC, Monaco.

.. **SUr 20**

3 Conjuguez les verbes, complétez avec *que, ce que, ce qui* ou *si* et soulignez la forme correcte de l'infinitif. (Attention aux formes passives et à l'accord du participe passé.)

Hier, après la défaite de l'équipe féminine française de handball face aux Slovènes,

nous .... (1) (**demander**) à Gustave, l'entraîneur, ... (2)

il .... (3) (**pouvoir**) nous dire sur .... (4)

.... (5) (**se passer**) et pourquoi, après **mener/avoir mené** (6) pendant

toute la première période, ses joueuses .... (7) (**perdre**) ce match.

Il nous .... (8) (**expliquer**) .... (9) ses joueuses

.... (10) (**ne pas avoir**) l'habitude des compétitions internationales

et qu'elles .... (11) (**probablement être impressionné**) par le

niveau du match. « C'est peut-être un peu ma faute, a-t-il ajouté, je .... (12)

(**devoir**) mieux prévoir cette tension psychologique. C'est cet aspect de la préparation que

nous .... (13) (**améliorer**) pour les prochains matchs. » Gustave ne nous

a pas donné de détails sur ses intentions concernant le prochain match. Il a seulement dit

.... (14) les joueuses .... (15) (**être très déçu**) et qu'elles

.... (16) (**avoir**) besoin de repos. Il est important, pour ces jeunes filles, de

perdre/ne pas perdre (17) confiance en elles et de **retrouver/d'avoir retrouvé** (18) rapidement le

chemin de la victoire. Espérons que, une fois qu'elles .... (19) (**oublier**)

cette défaite, elles .... (20) (**reprendre**) l'entraînement dans la sérénité.

..	sur 20

4 Conjuguez les verbes et soulignez la forme correcte de l'infinitif.
(Attention aux formes passives et à l'accord du participe passé.)

Formule 1 ou basket ?

FLORENT. – Je suis content, mon père m'a promis que nous .... (1) (**aller**) à

Imola **voir/ avoir vu** (2) la course de Formule 1 en avril ! Après m'en **parler/avoir parlé** (3)

pendant des années, il .... (4) (**se décider/enfin**) à réserver les billets !

CATHERINE. – Ça t'intéresse, toi, la Formule 1 ? Moi, je .... (5) (**regarder**)

une seule fois à la télévision, ça .... (6) (**me suffire**) ! Je trouve que ce

.... (7) (**être**) un sport dangereux et polluant ! C'est incroyable que les

spectateurs .... (8) (**pouvoir**) supporter un tel bruit ! Moi, je ne

.... (9) (**pouvoir**) pas ! Si mon père me .... (10) (**proposer**)

de **m'emmener/être emmenée** (11) à une compétition, je .... (12) (**choisir**)

un match de basket, ça c'est du sport ! J'en .... (13) (**faire**) beaucoup

au lycée l'an dernier, je .... (14) (**entraîner**) par un ancien champion,

c'est dommage qu'il .... (15) (**ne pas rester**). Il .... (16)

(**bien vouloir**) que je .... (17) (**s'inscrire**) dans une équipe

professionnelle, mais mes parents .... (18) (**ne pas accepter**).

FLORENT. – Dommage, tu es grande, je suis sûr que tu .... (19) **(réussir)** !

Pour moi, les championnats, c'est le rêve ! J'espère au moins qu'un jour je

.... (20) **(conduire)** une Ferrari !

.. **SUR 20**

5 Conjuguez les verbes.
(Attention aux formes passives et à l'accord du participe passé.)

– Laurence Limoux, ... (1) **(accepter/vous)** de répondre à quelques

questions ?

– Bien sûr.

– Vous .... (2) **(remporter)** la coupe du monde de ski alpin, personne ne

.... (3) **(s'attendre)** à cette victoire. Comment .... (4)

(réaliser/vous) cet exploit ?

– Vous savez, je .... (5) **(entrer)** dans l'équipe nationale il y a quatre ans

et depuis, je .... (6) **(beaucoup/s'entraîner)** pour en arriver là.

– En début d'année, vous .... (7) **(déclarer)** que vous .... (8)

(arrêter) la compétition en fin de saison. Est-ce que vous .... (9) **(changer)**

d'avis ?

– Oui, à ce moment-là, je .... (10) **(un peu/être/décourager)** car

je .... (11) **(se blesser)** lors d'un entraînement et je .... (12)

(croire) que je .... (13) **(ne pas pouvoir)** participer à la coupe du monde.

– Vous .... (14) **(dire)** aussi, dans cette même interview, que le ski féminin

français .... (15) **(retrouver)** un formidable dynamisme et que vous

.... (16) **(se sentir)** très fière d'en faire partie.

– Oui, et j'ajouterai que je suis contente que ma victoire .... (17)

(faire) parler de cette équipe féminine ; il est important qu'elle .... (18)

(reconnaître). J'ai trop souvent l'impression que les journalistes félicitent plus l'équipe

masculine ! J'ai peur que nous, les filles, nous .... (19) **(parfois/oublier)** !

– Oh ! Mais non… Et quels sont vos projets ?

– C'est très simple, dès demain, je .... (20) **(reprendre)** l'entraînement.

– Je vous remercie, Laurence et encore bravo !

.. **SUR 20**

TOTAL .. **SUR 100**

➤ **OBJECTIF :** les expressions de temps, de cause, de conséquence, de but, de condition et d'opposition, la phrase avec *si*, le participe présent et le gérondif

➤ **THÈME :** la publicité

➤ **NOTE :** sur 100 points

1 Complétez et conjuguez les verbes.

c'est pourquoi   à force de   avant de   au fur et à mesure que   pour que   si

pour que   puisque   chaque fois que   afin de   tellement que   depuis que   vu   au point que

LE JOURNALISTE. – Bonsoir à tous ! Ce soir, nous allons parler de la publicité ! Merci d'être avec nous. Nous attendons vos opinions. Mais .... (1) lancer le débat, voici d'abord quelques idées qui résument les nombreux témoignages de téléspectateurs !

.... (2) la publicité existe, elle a beaucoup changé. Elle a pris de l'importance .... (3) les médias se sont développés. .... (4) **(être)** présente partout, elle a réussi à s'imposer .... (5) il est impossible de vivre sans publicité : .... (6) on allume la télévision ou la radio, elle est là. De même, il est impossible de ne pas être attiré par les affiches .... (7) **(se promener)** dans la rue ou .... (8) **(prendre)** le métro. Ne parlons pas d'Internet où il y en a .... (9) c'est parfois une vraie pollution ! Il y en a beaucoup trop .... (10) nous .... (11) **(être)** capables de l'éviter mais .... (12) voir et d'entendre continuellement ces messages, sommes-nous toujours aussi influençables ?

On aimerait parfois la supprimer .... (13) nos villes puissent rester belles ou .... (14) pouvoir regarder une émission sans coupure. Mais nous y sommes vraiment habitués et .... (15) elle .... (16) **(disparaître)**, comment réagirions-nous ? Et, de toutes façons, ... (17) cette situation est improbable, n'y pensons plus !

La publicité est-elle un art ? .... (18) la concurrence, il est évident que si les agences .... (19) **(vouloir)** survivre, elles doivent être créatives et .... (20) elles demandent de plus en plus l'aide de réalisateurs de cinéma.

2 Conjuguez les verbes et soulignez la forme correcte.

GABRIEL. – J'aime la publicité, surtout à condition qu'elle me .... (1) **(faire)**
rire ! Et **pour qu'/pour** (2) elle soit amusante, elle doit raconter une histoire. **Après/Après que** (3)
l'école, je rentre chez moi à pied, et .... (4) **(marcher)**, je regarde les affiches
et certaines sont vraiment bien ! Si on les .... (5) **(supprimer)**, les rues
seraient tristes !

MONSIEUR LEDOUX. – **Aussi longtemps que/Pendant que** (6) la publicité a seulement présenté
des marques, j'étais contre. J'y ai toujours été opposé, **jusqu'à ce que/au moment où** (7) certaines
publicités .... (8) **(donner)** vraiment de l'information **pour/de peur d'** (9)
aider à choisir, **car/comme** (10) je crois que la publicité doit informer. C'est **grâce à/vu** (11)
elle que le consommateur peut choisir le meilleur produit.

MADAME CHAR. – Avant que nous .... (12) **(avoir)** la télévision, la publicité
ne nous gênait pas. **Maintenant/Dès** (13), nous trouvons qu'il y en a trop. Elle attire beaucoup
les jeunes : aussitôt que la publicité .... (14) **(apparaître)** à l'écran,
les enfants se précipitent : ils sont **trop/tellement** (15) passionnés qu'ils en oublient de jouer !

MONSIEUR DUTILLEUL. – Écoutez, **étant donné que/sous prétexte que** (16) je suis publiciste,
je vais être très positif ! **Grâce à/À cause de** (17) la publicité, **au cours des/entre les** (18) trente
dernières années, nous avons fait des progrès ! La publicité est un art ! À tel point qu'un musée
de la publicité va ouvrir **dans/depuis** (19) quelques mois. **Il y a/avant** (20) cinquante ans, sans
la publicité, tout était triste ! Si on .... (21) **(décider)** d'interdire l'affichage,
tout le monde se révolterait ! On ne peut pas imaginer un retour en arrière, **à moins d'/à moins
qu'** (22) être fou !

LE JOURNALISTE. – Mesdames, Messieurs, je vous remercie. **Par manque de/En raison de** (23)
temps, nous devons arrêter cette discussion, mais vous pouvez nous retrouver **dès/avant** (24)
ce soir sur notre site Internet www.infoconso.com. Bonsoir à tous, merci et à bientôt.
Et **maintenant/alors** (25), une petite page de publicité !

| .. | SUR 25 |

3 Conjuguez les verbes et complétez.

pendant que   dès que   grâce à   pour que   au moment où   pour

en attendant que   de peur de   jusqu'à ce que   dès   tant que

.... (1) voyager en toute tranquillité et .... (2) vos vacances soient une vraie fête, choisissez *Mondial Tourisme* ! .... (3) **(venir)** chez nous, vous ne le regretterez pas !

Faites appel à *Allô Réceptions services* ! Nous pouvons organiser toutes sortes de soirées ! .... (4) nous, vous pourrez garder l'esprit libre .... (5) vos amis arrivent. Et nous nous occupons de tout .... (6) la soirée soit terminée.

Edunet, le meilleur site éducatif, afin que tous les enfants puissent apprendre .... (7) **(s'amuser)** ! .... (8) les jeunes nous connaîtront, ils seront passionnés !

N'hésitez plus et adoptez *Miracrem* avant qu'il ne .... (9) **(être)** trop tard ! La nuit, ... (10) vous dormirez, elle agira et, le matin, ... (11) vous vous réveillerez, vous ne vous reconnaîtrez plus.

Mariage Express Vous n'osez pas nous appeler .... (12) être ridicule ? Si vous ne nous contactez pas, vous le regretterez. Et après, vous direz, comme beaucoup d'autres avant vous : « Si je .... (13) **(savoir)**, j'aurais appelé. » Faites-le .... (14) maintenant, nous vous aiderons .... (15) vous n'aurez pas trouvé l'âme sœur.

| .. | sur 15 |

4 Conjuguez les verbes et barrez l'intrus.

Monsieur le Maire,
Depuis/Il y a (1) *quelque temps, notre village est enlaidi* **en raison/étant donné** (2) *du nombre croissant des panneaux publicitaires. Bientôt, il n'attirera plus les touristes* **à moins que/sauf si** (3) *vous décidiez de limiter les autorisations.* .... (4) **(accepter)** *toute cette publicité* **sous prétexte que/à cause de** (5) *cela rapporte de l'argent à notre village, vous le détruisez peu à peu. Trois grands panneaux publicitaires ont été installés* **il y a/avant** (6) *six mois sur la place du marché et* **maintenant qu'/en attendant qu'** (7) *ils sont là, il sera difficile de les faire retirer* **à condition que/sauf si** (8) *vous intervenez.* .... (9) **(connaître)** *votre amour pour votre village, nous vous demandons de prendre les décisions qui s'imposent* **afin que/de peur que** (10) *ces horreurs disparaissent. N'oublions pas que* **dans/après** (11) *un an, nous organiserons notre premier festival de folklore,* **c'est pourquoi/comme** (12) *il est important de réagir* **dès/vers** (13) *maintenant !*
Nous, membres de l'Association pour la sauvegarde de notre village, demandons aux habitants qui nous soutiennent de signer cette pétition **pendant que/pour que** (14) *le conseil municipal* .... (15) **(agir)** *!*

.. **sur 15**

5 Complétez et conjuguez les verbes.

> jusqu'à ce que   à cause d'   comme   alors   bien que
> il s'agit de   à force de   pour   si   avant que   pendant   si

Nos lecteurs ont la parole

La publicité pollue deux fois .... (1) elle pollue notre esprit et notre environnement, ... (2) nous .... (3) **(ne pas s'en apercevoir)** : .... (4) une pollution invisible. .... (5) être soumis à la publicité, notre comportement est modifié. Les publicitaires disent que c'est .... (6) **(apprendre)** à lire la publicité qu'on peut se protéger. Ils affirment aussi que ce n'est pas .... (7) elle que les gens consomment sans réfléchir. Je dis, moi, que la publicité est comme un virus : .... (8) on y touche, on risque de l'attraper ! Et .... (9) il faut du temps .... (10) le message publicitaire .... (11) **(n'avoir)** une influence sur nous, on fait la publicité du même produit .... (12) plusieurs semaines, ... (13) le nom de la marque .... (14) **(être)** imprimé dans notre cerveau. .... (15), ... (16) que nous .... (17) **(pouvoir)** choisir de regarder ou de ne pas regarder la publicité, je propose de créer des zones sans publicité. .... (18) il y .... (19) **(avoir)** des endroits réservés à la publicité, certaines personnes se déplaceraient pour la voir et elle ne .... (20) **(déranger)** pas les autres.

.. **sur 20**

TOTAL   .. sur 100

ÉVALUATION 1

■ Exercice 1

1. te.
2. tous les.
3. l'.
4. la.
5. que.
6. au.
7. la même.
8. où.
9. Les.
10. de.
11. les.
12. les.
13. de.
14. quelques.
15. certains.
16. N'importe lequel.
17. l'.
18. où.
19. Quelqu'un.
20. y.
21. la.
22. une / la / sa.
23. la.
24. où.
25. son.
26. de.
27. que.
28. Chacun.
29. un.
30. où.

■ Exercice 2

1. qui.
2. vécu.
3. qui.
4. inventé.
5. les.
6. critiqués.
7. leur.
8. reproché.
9. qu'.
10. choisis.
11. dont.
12. les.
13. réalisés.
14. que.
15. appréciée.
16. auxquels.
17. intéressés.
18. laquelle.
19. leur.
20. donné.
21. qu'.
22. peint.
23. qu'.
24. en.
25. les.

■ Exercice 3

1. une.
2. la.
3. plusieurs.
4. y.
5. Toute.
6. la.
7. de.
8. des.
9. les.
10. le.
11. y.
12. les.
13. lui.
14. lequel.
15. quelques-unes.
16. qui.
17. chaque.
18. une / la.
19. du.
20. la.
21. une.
22. un.
23. lequel.
24. des.
25. tout.

■ Exercice 4

1. la.
2. la.
3. y.
4. la.
5. certains.
6. du.
7. les.
8. l'.
9. chaque.
10. où.
11. Une.
12. vous.
13. la.
14. que.
15. l'.
16. au.
17. Tout.
18. les.
19. les.
20. une.

ÉVALUATION 2

■ Exercice 1

1. est né.
2. ne pouvaient plus.
3. est venue.
4. le prendre.
5. le transporter.
6. avoir évité.
7. tentaient.
8. existait.
9. ressemblait.
10. a appelé.
11. était pratiquée.
12. s'opposaient.
13. se terminaient.
14. est devenu.
15. s'est exporté.
16. d'arriver.
17. est devenu.
18. s'est le plus développé / s'est développé le plus.
19. compte.
20. pratiquent.

■ Exercice 2

1. puissent.
2. pense.
3. va.
4. n'ont pas.
5. paniquerais.
6. ne supporterais pas.
7. se situe.
8. c'est / ce serait.
9. ait.
10. faut/faudrait.
11. soient données.
12. consulterait.
13. serait.
14. perdrait.
15. regarderais.
16. soit donnée.
17. n'est pas jugée / ne serait pas jugée.
18. provoquerait.
19. pourrait.
20. prendra.

■ Exercice 3

1. avons demandé.
2. ce qu'.
3. pouvait.
4. ce qui.
5. s'était passé.
6. avoir mené.
7. avaient perdu.

8. a expliqué.

9. que.

10. n'avaient pas.

11. avaient probablement été impressionnées.

12. j'aurais dû.

13. allons améliorer / améliorerons.

14. que.

15. étaient très déçues / avaient été très déçues.

16. avaient.

17. ne pas perdre.

18. retrouver.

19. auront oublié.

20. reprendront.

■ Exercice 4

1. irions.

2. voir.

3. avoir parlé.

4. s'est enfin décidé.

5. j'ai regardé.

6. m'a suffit.

7. c'est.

8. puissent.

9. pourrais.

10. proposait.

11. m'emmener.

12. choisirais.

13. ai fait.

14. j'étais entraînée.

15. ne soit pas resté.

16. aurait bien voulu.

17. m'inscrive.

18. n'ont pas accepté.

19. aurais réussi.

20. conduirai.

■ Exercice 5

1. acceptez-vous / accepteriez-vous.

2. avez remporté.

3. s'attendait.

4. avez-vous réalisé.

5. suis entrée.

6. me suis beaucoup entraînée.

7. avez déclaré.

8. arrêteriez.

9. avez changé.

10. j'étais un peu découragée.

11. m'étais blessée.

12. croyais.

13. ne pourrais pas.

14. avez dit.

15. avait retrouvé.

16. vous sentiez.

17. fasse.

18. soit reconnue.

19. soyons parfois oubliées.

20. reprendrai.

ÉVALUATION 3

■ Exercice 1

1. avant de.

2. Depuis que.

3. au fur et à mesure que.

4. Étant.

5. au point qu'.

6. chaque fois qu'.

7. en se promenant.

8. en prenant.

9. tellement que.

10. pour que.

11. soyons.

12. à force de.

13. pour que.

14. afin de.

15. si.

16. disparaissait.

17. puisque.

18. Vu.

19. veulent.

20. c'est pourquoi.

■ Exercice 2

1. fasse.

2. pour qu'.

3. Après.

4. en marchant.

5. supprimait.

6. Aussi longtemps que.

7. jusqu'à ce que.

8. donnent/aient donné.

9. pour.

10. car.

11. grâce à.

12. ayons.

13. Maintenant.

14. apparaît.

15. tellement.

16. étant donné que.

17. Grâce à.

18. au cours des.

19. dans.

20. Il y a.

21. décidait.

22. à moins d'.

23. Par manque de.

24. dès.

25. maintenant.

■ Exercice 3

1. Pour.

2. pour que.

3. En venant.

4. Grâce à.

5. en attendant que.

6. jusqu'à ce que.

7. en s'amusant.

8. Dès que.

9. soit.

10. pendant que.

11. au moment où.

12. de peur d'.

13. j'avais su.

14. dès.

15. tant que.

■ Exercice 4

1. Depuis.

2. en raison.

3. à moins que.

4. En acceptant.

5. sous prétexte que.

6. il y a.

7. maintenant qu'.

8. sauf si.

9. Connaissant.

10. afin que.

11. dans.

12. c'est pourquoi.

13. dès.

14. pour que.

15. agisse.

■ Exercice 5

1. parce qu'.

2. bien que.

3. ne nous en apercevions pas.

4. il s'agit d'.

5. À force d'.

6. en apprenant.

7. à cause d'.

8. si.

9. comme.

10. avant que.

11. ait.

12. pendant.

13. jusqu'à ce que.

14. soit.

15. Alors.

16. pour.

17. puissions.

18. S'.

19. avait.

20. dérangerait.

INDEX GRAMMATICAL

Les chiffres **en gras** font référence aux tableaux « aide-mémoire ».

INDEX
DES OBJECTIFS FONCTIONNELS
PAR CHAPITRE

Imprimé en Italie par

LA TIPOGRAFICA VARESE
Società per Azioni
Varese
Dépôt légal 01/2009
Collection 23 / Edition n° 08
15/5170/4